MEGA *histoire*

Auteur
Jean-Paul Dupré

Conseiller historique
Antoine Sabbagh

Cartographie
Bernard Sullerot

Illustration
Véronique Ageorges
Jean-Alexandre Arques
Sophie Beaujard
Yves Beaujard
Andrée Bienfait
Bernard Coppens
Christian Maucler
François Pichon
Grégoire Soberski
Etienne Souppart
Amélie Veaux
François Vincent

MEGA histoire

NATHAN

SOMMAIRE

PRÉHISTOIRE

ANTIQUITÉ

MOYEN ÂGE

ÉPOQUE MODERNE

ÉPOQUE CONTEMPORAINE

REPÈRES

PRÉHISTOIRE

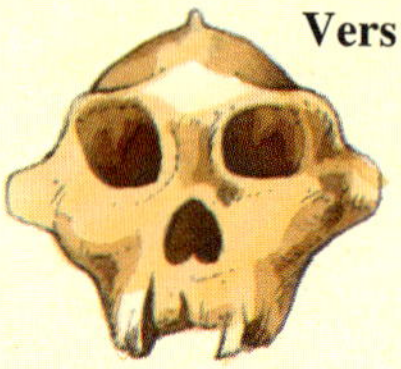

Vers - 3 millions d'années
Les plus anciens de nos ancêtres, les *australopithèques*, vivent en Afrique

Vers - 2 millions d'années
Homo habilis taille les premiers outils

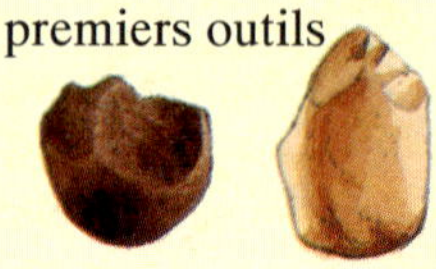

Vers - 1 million d'années
Homo erectus perfectionne les outils (Afrique-Europe-Asie)

ANTIQUITÉ

Vers - 3500
Les Sumériens mettent au point le premier système d'écriture

Vers - 3200
Civilisation égyptienne

Vers - 2500
Civilisation de l'Indus, première civilisation indienne

Vers - 1200
Organisation des cités grecques

MOYEN ÂGE

VIe siècle
Royaumes barbares en Europe

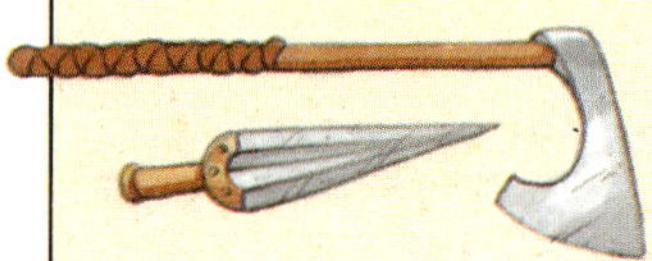

VIIe siècle
Apogée de la civilisation maya

610
Mahomet prêche l'islam

800
Charlemagne est sacré empereur d'Occident

Xe siècle
Société féodale en Europe

ÉPOQUE MODERNE

1492
Christophe Colomb découvre l'Amérique

XVIe siècle
Renaissance en Europe

1510
Début de la traite des Noirs

1517
Réforme. Luther instaure un nouveau culte : le protestantisme

ÉPOQUE CONTEMPORAINE

1861
Unité italienne. Création du royaume d'Italie

1868
Ère Meiji : le Japon s'ouvre à l'Occident

1871
Unité allemande. Création de l'Empire allemand

1902
L'Afrique est presque entièrement colonisée par les Européens

1914-1918
Première Guerre mondiale : 9 millions de morts

Vers - 600 000 ans
L'homme maîtrise le feu

Vers - 100 000 ans
L'homme de Neandertal vit en Europe.
Premières sépultures

Vers - 40 000 ans
Venu d'Afrique, l'homme de Cro-Magnon s'installe en Europe, en Asie et en Amérique

Vers - 30 000 ans
Naissance de l'art

Vers - 10 000 ans
Début de l'agriculture

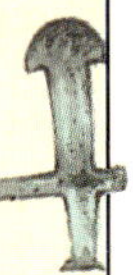

Vers - 3 500 ans
Début de l'âge des métaux

- 814
Les Phéniciens fondent Carthage. Ils utilisent l'alphabet

- 753
Fondation de Rome

Vers - 500
L'Empire perse s'étend de l'Indus à la Méditerranée

- 221
Fondation du premier Empire chinois par Ts'in Che Houang-Ti

Vers 30
Naissance du christianisme

476
Chute de l'empire romain d'Occident

1095
Début de la première croisade

1346
Début de la guerre de Cent Ans entre la France et l'Angleterre

1416-1460
Les Portugais explorent les côtes de l'Afrique

1450
Premier atelier d'imprimerie installé par Gutenberg

1453
Chute de l'Empire byzantin. Constantinople est prise par les Turcs

1521
Chute de l'Empire aztèque. Amérique du Sud colonisée par les Espagnols et les Portugais

1598
Fin des guerres de religion en France

1640
Révolution anglaise

1765
L'Angleterre étend sa domination à l'ensemble du territoire indien

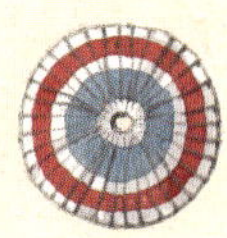

1776
Déclaration d'indépendance des États-Unis

1789
Révolution française

1804
Napoléon Ier est sacré empereur

1917
Révolution russe

1939-1945
Seconde Guerre mondiale : 50 millions de morts

1945
Début de la décolonisation en Asie et en Afrique

1948
Fondation de l'État d'Israël

1957
Création de la C.E.E.

SOLIDARNOŚĆ

1989-1991
Chute des régimes communistes en Europe

Réunification de l'Allemagne

Éclatement de l'URSS

Les origines de l'homme

La *préhistoire* commence il y a des centaines de milliers d'années. C'est la très longue période comprise entre l'apparition de l'homme sur la Terre et l'invention de l'écriture, qui marque le début de l'*histoire*.

Lucy, notre ancêtre ?...

Il y a très longtemps déjà que les hommes habitent la Terre. En 1974, on a retrouvé en Afrique australe le squelette d'un *australopithèque* qui aurait vécu il y a environ trois millions d'années. « Lucy », c'est le nom qu'on lui a donné, mesurait 1,10 m et marchait le dos voûté. Elle était âgée d'une vingtaine d'années. Son cerveau était trois fois plus petit que le nôtre. En l'état actuel des connaissances des archéologues qui étudient la préhistoire, l'australopithèque est le plus ancien de nos ancêtres. Il est le premier à avoir une forme humaine. Il ne sait pas encore parler, mais il peut se redresser et marcher sur ses deux pieds.

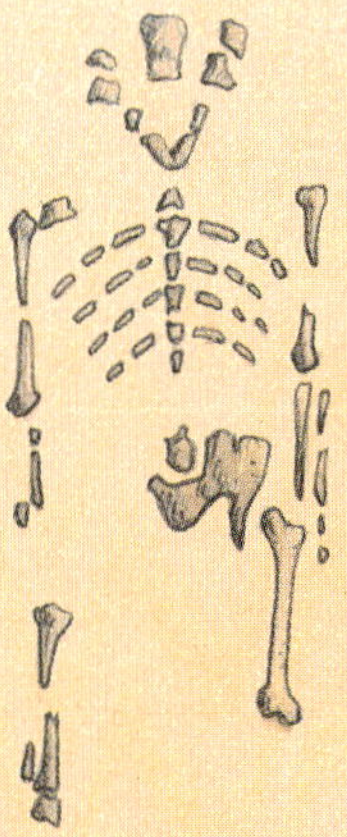

Squelette reconstitué de Lucy. 52 os sur 206 ont été identifiés.

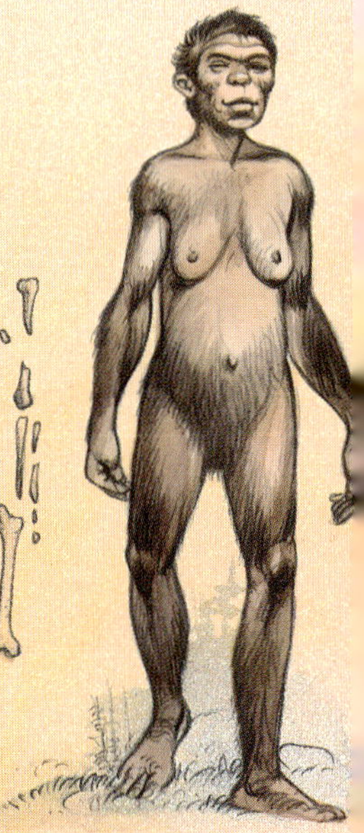

Lucy telle qu'elle pouvait être de son vivant

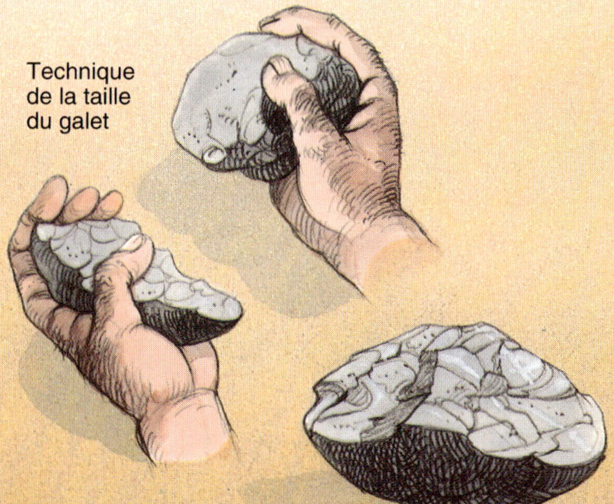

Technique de la taille du galet

Premiers outils, premières armes

Pour survivre, l'homme préhistorique a besoin de se nourrir. Il cueille des fruits sauvages, ramasse des végétaux. Il pêche et il chasse. Pour tuer des animaux, il utilise tout d'abord des galets cassés à bord tranchant qu'il trouve sur le sol, puis, peu à peu, qu'il taille lui-même. Ce sont ses premiers outils, ses premières armes qu'il ne cessera d'améliorer.

La maîtrise du feu

Entre – 800 000 et – 500 000 ans, l'homme apprend à faire naître et à utiliser le feu que des phénomènes naturels – incendies de forêts, éruptions volcaniques – lui ont fait découvrir. C'est une étape importante de son évolution. Sa vie se transforme. Il peut lutter contre le froid, s'éclairer, cuire ses aliments et se protéger des bêtes sauvages.

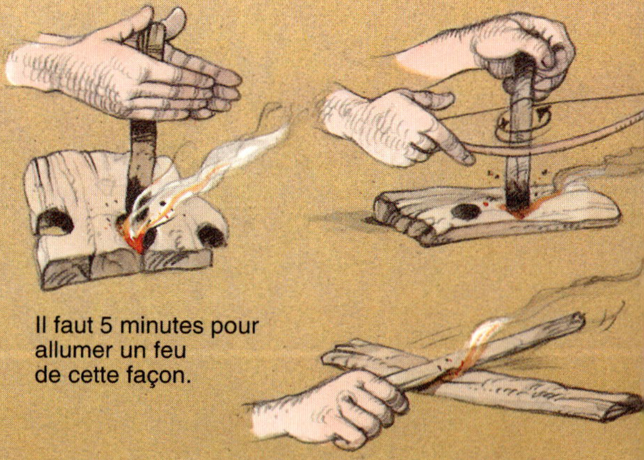

Il faut 5 minutes pour allumer un feu de cette façon.

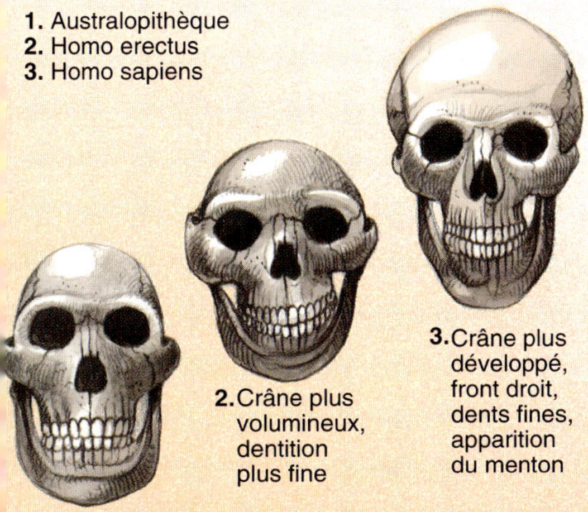

L'espèce évolue

Au cours de cette longue période de plusieurs milliers d'années, l'homme se transforme physiquement : il grandit, se tient plus droit, le volume de son crâne augmente et, avec lui, se développent ses différentes capacités, notamment son intelligence et sa sensibilité. Son adaptation aux changements de climat et de milieu qu'il doit subir est un facteur important de cette évolution.

Ce pré-humain a des difficultés à se tenir droit. Il ne peut marcher sur de longues distances.

Il utilise le feu et fabrique des outils. Mieux équilibré, il peut marcher sur de longues distances.

Fort semblable à l'homme moderne, il est très habile de ses mains et sait parler.

Le peuplement des continents

Partis d'Afrique, où l'on a retrouvé les traces les plus anciennes de leur existence, les hommes vont peu à peu gagner d'autres régions hospitalières. Ils vont ainsi peupler les autres continents : l'Asie et l'Europe, il y a environ 1 million d'années.

Les groupes se déplacent d'environ 100 km par génération.

Le paléolithique (âge de la pierre taillée)

L'homme de Neandertal
C'est en 1856, dans un petit vallon d'Allemagne appelé Neandertal, que l'on a découvert son squelette. Appartenant à l'espèce des *Homo sapiens,* il vivait en Europe il y a environ 100 000 ans. De taille moyenne (1,65 m), il ne nous ressemble pas encore tout à fait. Il est plus évolué que les hommes précédents, mais son aspect physique est lourd. Son front est fuyant et les bourrelets osseux au-dessus de ses orbites proéminents. La partie postérieure de son crâne est très développée.

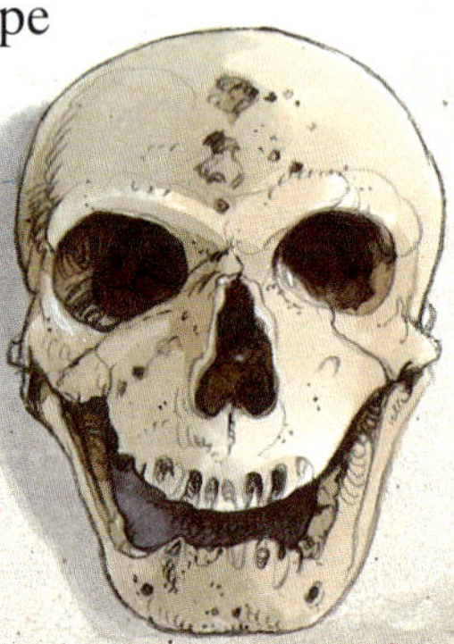

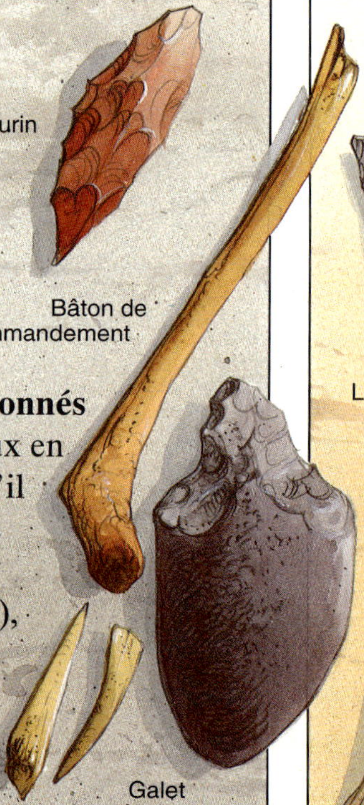

Des armes et des outils plus perfectionnés
L'homme de Neandertal taille de mieux en mieux la pierre. Les éclats de silex qu'il obtient lui fournissent, outre les armes qu'il utilise pour chasser et dépecer les animaux (cerfs, rennes, sangliers...), de nombreux outils tels que racloirs, burins, perçoirs... Il commence à utiliser l'os et travaille aussi le bois.

Les premières sépultures
On a retrouvé en France des sépultures remontant à 80 000 ans ! Près des corps déposés dans des fosses peu profondes, se trouvaient des offrandes (os d'animaux et pétales de fleurs).

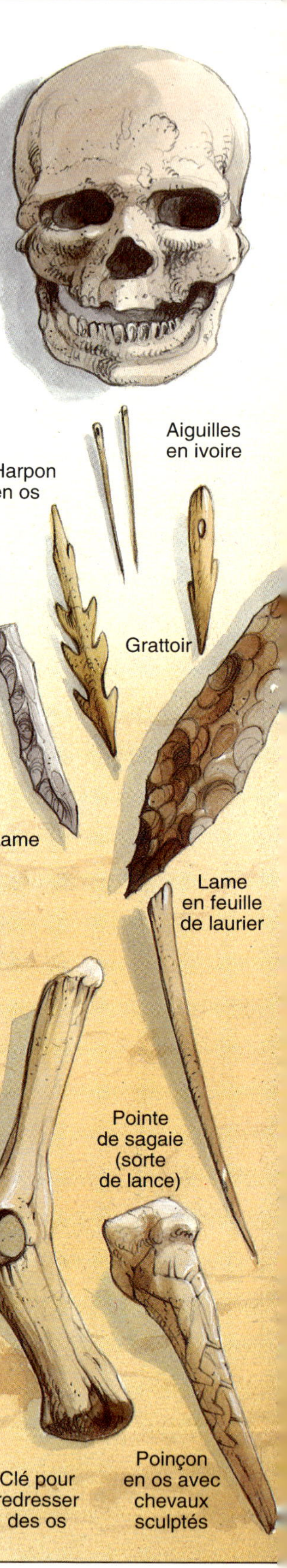

L'homme de Cro-Magnon

C'est en 1868 que l'on a découvert son squelette en Dordogne, près du village des Eyzies. C'est l'homme moderne, *Homo sapiens sapiens,* qui, venu d'Afrique, s'est installé en Europe, il y a 35 000 ans. Il est notre ancêtre direct. Il est grand (1,70 m), a des traits physiques réguliers : crâne étroit et long, front vertical, arcades sourcilières peu saillantes, menton marqué. Son intelligence est semblable à la nôtre. Il sait communiquer par la parole et s'affirme par ses qualités créatrices. On pense que les hommes de Cro-Magnon peuplèrent le continent américain, il y a plus de 30 000 ans.

Taureau peint sur une paroi de la grotte sacrée de Lascaux (– 15 000 ans)

Un véritable artiste

L'homme de Cro-Magnon est le premier à décorer armes, bijoux, outils. S'éclairant à l'aide de lampes à graisse, il grave, sculpte, peint les parois des cavernes. Pour les décorer, l'artiste dispose de seize couleurs différentes fabriquées avec des roches broyées. Les couleurs sont mélangées avec de la graisse animale et étalées avec des pinceaux de poils.

Biches gravées sur os de renne

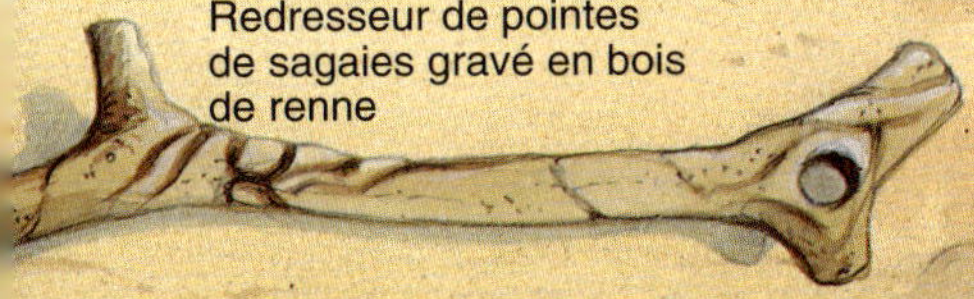

Redresseur de pointes de sagaies gravé en bois de renne

Un outillage remarquable

L'homme de Cro-Magnon invente des outils plus efficaces. Sa technique de la taille de la pierre atteint une grande perfection. Il travaille aussi le bois de renne et l'ivoire. Associant armes de qualité et excellentes techniques de chasse, l'homme de Cro-Magnon s'attaque au gros gibier (ours, félins, mammouths, bisons...). Il se déplace beaucoup, établissant une succession de camps légers. C'est un nomade. Vivant à une période particulièrement froide, il se réfugie à l'entrée des grottes.

Une pierre chaude est jetée dans l'eau pour la chauffer.

Vêtements en peaux de bêtes cousues

Le néolithique (âge de la pierre polie)

Une véritable révolution

Il y a un peu moins de 10 000 ans, après une période de froid intense, la terre se réchauffe. Cet adoucissement transforme l'environnement ; le gibier diminue. Il se produit alors une véritable révolution : l'homme apprend à cultiver la terre. Il sème et récolte les plantes que jusqu'alors il se contentait de cueillir. C'est la naissance de l'agriculture. Pour travailler la terre, il invente de nouveaux outils : faucilles, houes, haches... Il leur donne un maximum d'efficacité en polissant par frottement la pierre dans laquelle ils sont taillés. Au cours de la même période, l'homme capture et élève des animaux qu'il chassait : porcs, bœufs, moutons.

On a retrouvé en Europe les traces de milliers de villages de ce type.

Labours, moisson, battage et traite des chèvres

Les paniers tressés serviront au transport des marchandises.

Les premiers agriculteurs améliorent leurs outils et en inventent de nouveaux, tel l'araire, l'ancêtre de la charrue.

Les premiers villages

N'ayant plus à se déplacer pour trouver leur nourriture, les hommes deviennent sédentaires. Ils abandonnent grottes et tentes et construisent les premières huttes près des champs cultivés et des cours d'eau. Ainsi se forment les premiers villages. La population augmente alors rapidement et la vie en société s'organise. On divise le travail. Certains sont agriculteurs ou éleveurs, d'autres fabriquent les outils, d'autres encore tressent des paniers, tissent la laine des moutons, exécutent les premières poteries... La cueillette, la chasse et la pêche ne sont pas pour autant abandonnées.

On cuit les poteries pour les rendre plus résistantes.

La poterie, apparue d'abord en Asie et au Sahara, alors zone fertile, se répand rapidement.

Fabrication des premiers tissus avec des fils de lin

Métallurgistes

À la fin du néolithique, vers 3 000 ans avant Jésus-Christ, les hommes découvrent les métaux et leurs avantages. Ils travaillent l'or, l'argent, le cuivre, le bronze puis le fer. Ils façonnent alors des objets de meilleure qualité.

Armes et outils de bronze

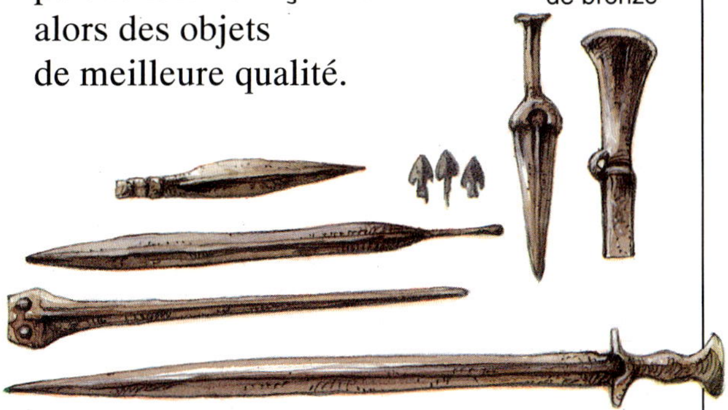

Les mégalithes

Ce sont des monuments formés de blocs de pierre . Les *dolmens* étaient peut-être des tombeaux, les *menhirs* furent sans doute édifiés à la gloire des dieux.

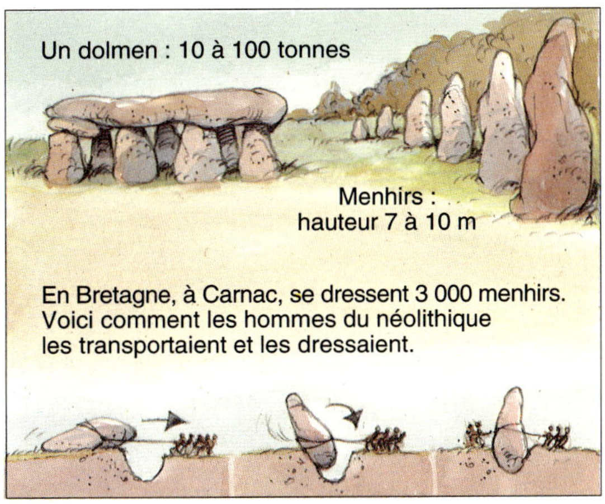

En Bretagne, à Carnac, se dressent 3 000 menhirs. Voici comment les hommes du néolithique les transportaient et les dressaient.

La fin de la préhistoire

Vers 3 000 ans avant Jésus-Christ, l'apparition de l'écriture marque la fin de la préhistoire au Proche-Orient, en Europe et en Asie. Ailleurs, en Afrique, en Amérique du Nord, en Australie, l'âge de la pierre polie dure encore des siècles, jusqu'à l'arrivée des Européens.

L'Égypte antique

On appelle *Antiquité* la période de l'histoire qui commence avec l'apparition des premiers textes écrits (vers 3000 avant Jésus-Christ) et s'achève avec la fin de l'Empire romain (fin du Vᵉ siècle après Jésus-Christ). De grandes civilisations marquent cette longue période.

3 000 ans d'histoire

L'histoire de l'Égypte est divisée en trois époques distinctes. Sous l'*Ancien Empire,* fondé vers 3200 avant Jésus-Christ, la capitale est Memphis. Des pharaons, tels Khéops, Khéphren et Mykérinos, érigent de grandioses pyramides. Sous le *Moyen Empire* (2052-1770 avant Jésus-Christ), la capitale devient Thèbes. L'Égypte étend sa puissance. Sous le *Nouvel Empire* (1580-1085 avant Jésus-Christ), l'Égypte est plus puissante que jamais avec la dynastie des Ramsès.
Les pharaons conquièrent la Syrie-Palestine. Mais, peu à peu, l'Empire tombe aux mains des Assyriens, des Perses, des Grecs, puis des Romains, au Iᵉʳ siècle avant Jésus-Christ.

La pyramide de la reine, plus petite, se trouve près de celle du pharaon.

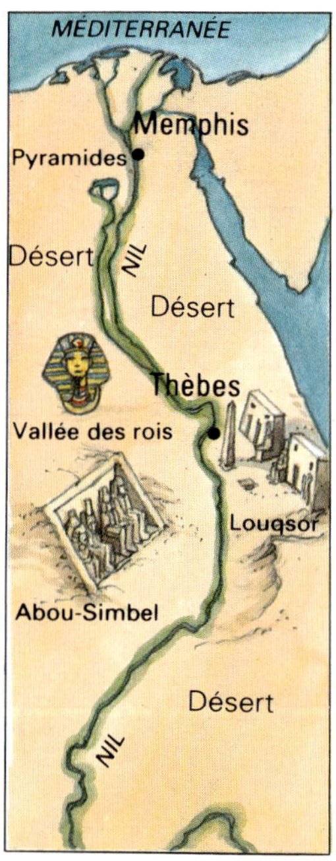

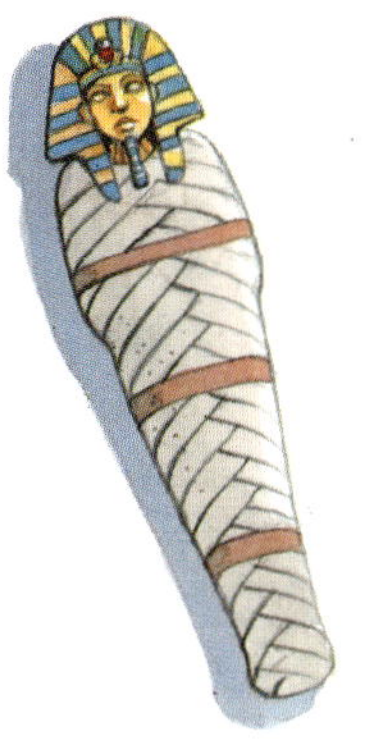
Les Égyptiens croient à la possibilité d'une autre vie, mais il ne faut pas que le cadavre disparaisse. Pour le conserver, ils le momifient. Le corps desséché est entouré de fines bandelettes.

Le pharaon : un roi et un dieu

Sur ce pays règne un maître incontesté, le pharaon. Grand prêtre, chef militaire, il est considéré comme un dieu, à l'égal du Soleil. On lui apporte des offrandes qu'il transmet aux dieux. On lui construit une gigantesque pyramide destinée à lui servir de tombeau.
Au cours de l'histoire égyptienne, les pharaons se succèdent. Deux d'entre eux sont restés très célèbres : Aménophis IV, ou Akhenaton, qui instaura le culte d'un dieu unique : le Soleil. Ramsès II, le conquérant, qui régna pendant soixante-six ans !

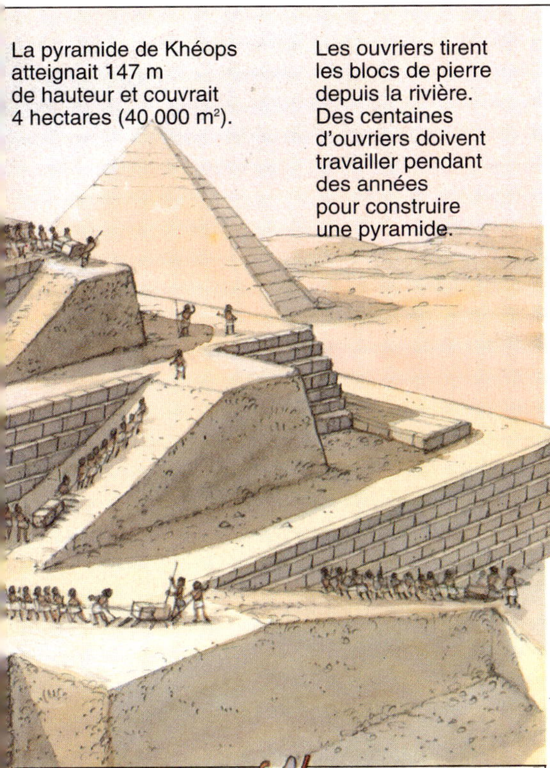

La pyramide de Khéops atteignait 147 m de hauteur et couvrait 4 hectares (40 000 m²).

Les ouvriers tirent les blocs de pierre depuis la rivière. Des centaines d'ouvriers doivent travailler pendant des années pour construire une pyramide.

Une source de vie : le Nil

L'Égypte est traversée par un très long fleuve, le Nil. Tous les ans, de juin à octobre, le Nil déborde et arrose les terres avoisinantes : c'est la crue. Sur cette bande de terre fertile, entourée de désert, les Égyptiens cultivent le blé, l'orge, le lin, et ramassent du papyrus.

Le Nil est la principale route égyptienne. Les marchandises sont transportées par bateaux.

Les dieux

L'Égyptien consacre sa vie à cultiver la terre. Pour lui, tout est un don des dieux, qu'il faut célébrer sans cesse. Ces dieux ressemblent à la fois aux humains et aux animaux. Les plus importants sont Amon-Rê, le dieu du Soleil, Horus, allié du pharaon, et Osiris, qui juge les âmes après la mort (ci-dessous, la « pesée » des âmes).

Les hiéroglyphes

Les Égyptiens connaissent l'écriture. On a pu ainsi déchiffrer leur longue histoire. Ils n'ont pas d'alphabet mais tracent des images représentant des mots, les *hiéroglyphes*.

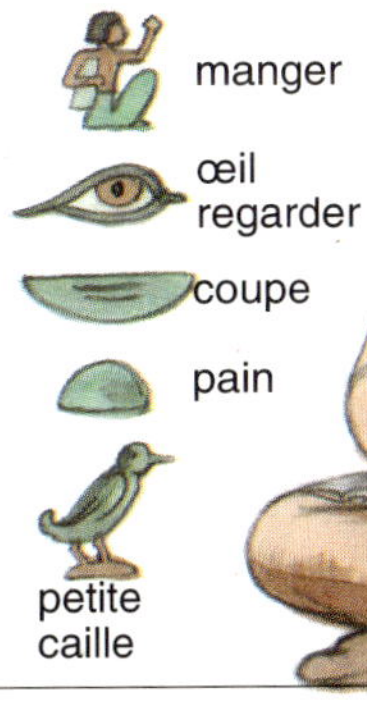

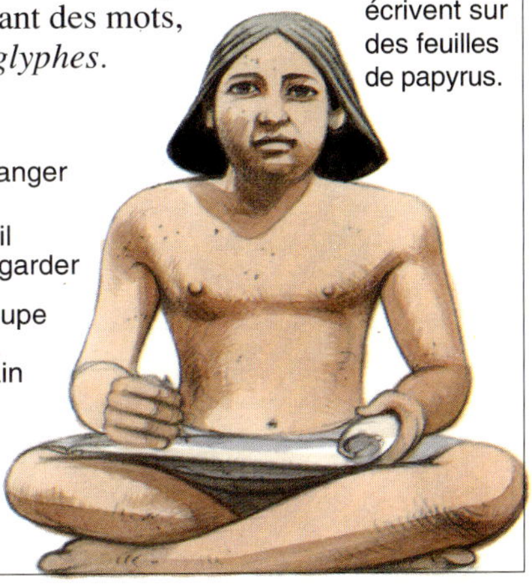

Les scribes écrivent sur des feuilles de papyrus.

Sumer

C'est en Mésopotamie, région fertile située entre deux fleuves, le Tigre et l'Euphrate, qu'apparaît, 3 500 ans avant Jésus-Christ, une des plus anciennes et des plus brillantes civilisations du monde antique : la civilisation sumérienne.

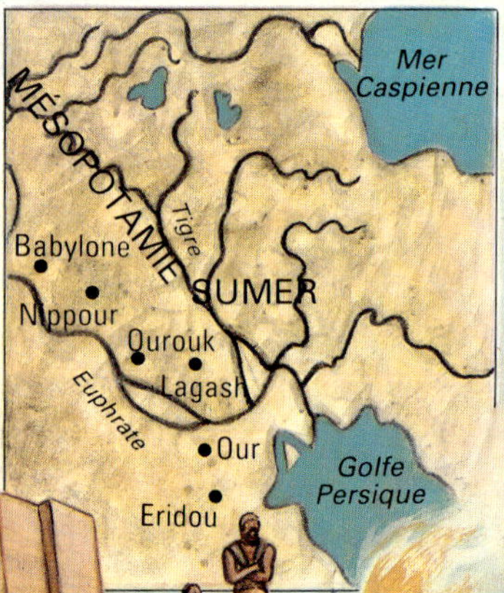

Des cités-temples

Les Sumériens bâtissent des cités bien organisées pour la vie collective. Les habitations sont groupées autour du temple élevé à la gloire du dieu souverain de la cité. Ce temple, appelé « Grande Maison », est construit sur un monticule haut de plusieurs dizaines de mètres. Our, Lagash et Ourouk sont de grandes cités sumériennes. Elles se font souvent la guerre. Dans cette région aride, elles se disputent les eaux d'irrigation. Aucune ne pourra jamais vraiment s'imposer.

Comme la pierre est rare, les Sumériens utilisent pour la construction la brique d'argile crue séchée au soleil.

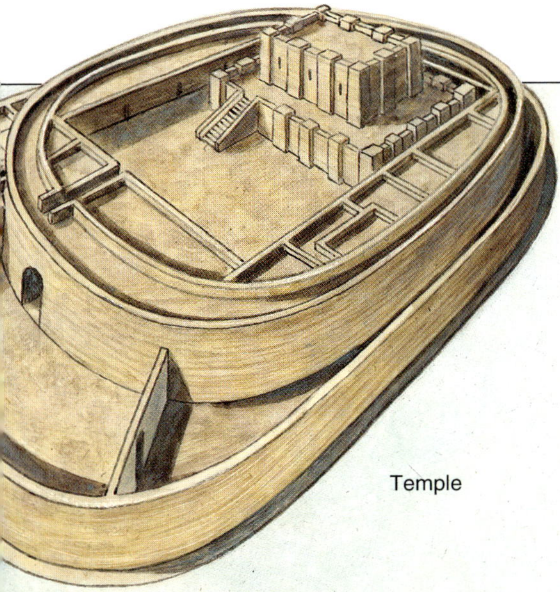

Temple

Prêtres et princes

Le grand prêtre, représentant du dieu, est le maître de la cité ; il habite le temple et règne sur les habitants. À partir du IIIe millénaire, un nouveau personnage, le prince, affirme son autorité. Il gouverne assisté par des prêtres. La *cité-temple* se transforme peu à peu en *cité-État*.

Statuettes sumériennes

L'art sumérien

Il est essentiellement religieux. Les artistes excellent dans la sculpture de la pierre et le travail du métal. De nombreux objets, telles les statuettes de pierre, sont dédiés aux dieux et déposés en offrande dans les temples.

Des inventeurs de génie

La roue

Les Sumériens sont à l'origine d'une invention capitale : la roue.

Elle est en bois, assez massive et constituée de plusieurs parties emboîtées les unes dans les autres.

L'écriture

Les nécessités du commerce, l'inventaire des marchandises, le dénombrement du cheptel, entraînent l'utilisation d'un certain nombre de signes qui progressivement conduisent à l'écriture.

D'abord pictographiques, ces signes deviennent peu à peu cunéiformes (en forme de coins). Les Sumériens emploient environ 600 signes différents.

Les pictogrammes (signes-images) représentent des objets.

L'instrument utilisé pour les tracer est la pointe de bambou.

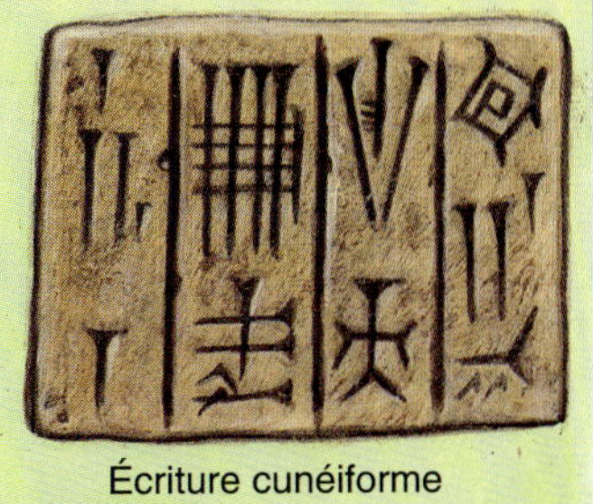

Écriture cunéiforme

Les Sumériens développent aussi l'arithmétique et mettent au point le système sexagésimal (numérotation en base soixante), que nous utilisons toujours dans la lecture de l'heure.

Babylone

Fondée environ 3 000 ans avant Jésus-Christ, Babylone, dont le nom ancien Bâb-ilon signifie « Porte de Dieu », va devenir une riche cité qui dominera rapidement les autres villes de Mésopotamie, ses rivales.

Hammourabi, souverain de génie
Appelé aussi le « roi de l'Univers », Hammourabi est le roi d'une puissante tribu sémite. Chef militaire habile, il met fin aux luttes entre les cités-États en leur imposant sa loi et organise la Mésopotamie en un immense empire dont Babylone devient la capitale. Au cours de son règne qui durera quarante-deux ans, la cité s'enrichit grâce au commerce, et de grands travaux sont entrepris (barrages, fortifications, ponts...).

Une société bien organisée
Le roi détient le pouvoir absolu. Il l'a obtenu avec l'approbation des dieux.
Les prêtres le secondent dans l'exercice de ce pouvoir. Le roi est représenté à tous les niveaux de l'administration territoriale : *vizir* à Babylone, *gouverneurs* dans les provinces, *préfets* dans les villes, *représentant* dans chaque village.
L'organisation est la même pour la justice.
D'autre part, Hammourabi a mis au point un code réunissant 282 articles.
Ces textes règlent les relations entre les individus et organisent l'administration générale.

Stèle du code d'Hammourabi, portant l'image du roi justicier

Le démon Pazuzu personnifie le vent du sud-ouest.

Des dieux par milliers
Le ciel, la terre, le soleil, l'orage, la fécondité... tous les phénomènes naturels sont la manifestation d'une divinité vénérée. Les dieux ont une existence semblable à celle des hommes ; ils mangent, travaillent, se fâchent, ont des enfants...

Astronomes et devins
Les prêtres babyloniens sont passionnés d'astronomie. Capables de prévoir les éclipses, ils jouissent auprès du peuple de pouvoirs mystérieux qui les font reconnaître comme de véritables devins. Leurs observations et leurs calculs ont abouti à de nombreuses découvertes. Ils ont établi un calendrier dans lequel l'année est divisée en douze mois lunaires.

L'épopée de Gilgamesh
L'épopée de Gilgamesh, cinquième roi de la dynastie d'Ourouk, est comparable pour les peuples de Mésopotamie à *l'Iliade* et *l'Odyssée* pour les Grecs. Cette légende raconte les hauts faits de ce héros qui part à la recherche du secret de l'immortalité et trouve la sérénité en se résignant à admettre que celle-ci est inaccessible à l'homme. Ces poèmes sont diffusés dès la Haute Antiquité, vers 2000 avant Jésus-Christ. Le texte que nous possédons se compose de douze tablettes d'argile gravées par des scribes babyloniens.

Des siècles de guerres et d'invasions
L'hostilité entre États rivaux, les incursions de pirates sur les voies commerciales, les raids de tribus nomades en quête de terres cultivables, le désir d'indépendance des cités soumises, sont autant de raisons qui vont déchirer la Mésopotamie pendant plus de 1 500 ans et démanteler l'Empire babylonien.

L'Empire perse

À partir du VIe siècle avant Jésus-Christ, le Proche-Orient commence à s'unifier. Les échanges entre civilisations se font plus nombreux. Cela va permettre aux Perses de constituer un des plus grands empires de l'Antiquité.

Des conquêtes foudroyantes

Originaires de régions arides situées à l'est du golfe Persique, les Perses, sous la conduite de leur roi Cyrus, se tournent vers l'Occident et entreprennent la conquête de territoires plus fertiles. Cyrus soumet les Mèdes, les Lydiens puis les Babyloniens au VIe siècle avant Jésus-Christ. Il respecte les chefs et les peuples de ces royaumes et s'en fait même des alliés.

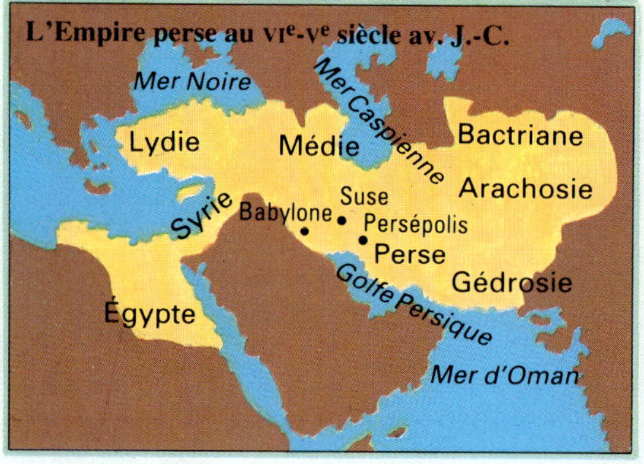

Il réalise, pour la première fois, l'unité du monde oriental. L'Empire perse atteint son apogée sous le roi Darius Ier qui règne de 521 à 486 avant Jésus-Christ. Darius étend ses conquêtes jusqu'à l'Indus et l'océan Indien. À l'ouest, il tente de conquérir la Grèce, mais ni lui ni son fils Xerxès ne parviennent à la soumettre.

Les satrapes

Cyrus le Grand organise l'Empire en provinces, les *satrapies,* à la tête desquelles il nomme des représentants appartenant à la noblesse : les *satrapes.* Ceux-ci sont chargés de l'administration locale, mais leur pouvoir est limité par la présence à leurs côtés de fonctionnaires dépendant directement du Grand Roi. De plus, des enquêteurs royaux, « yeux et oreilles » du roi, les surveillent en permanence. Darius Ier met à mort les satrapes d'Égypte et de Lydie qui ont tenté de s'affranchir du pouvoir central.

Le roi Darius Ier

La salle des cent colonnes à Persépolis

Persépolis

Avec Suse, Persépolis est une des capitales de l'Empire perse. Elle est construite sous les règnes de Darius Ier et de Xerxès. Les principaux édifices (salle du trône de Xerxès, palais...) se trouvent sur une terrasse aménagée au pied de la montagne. Ces merveilles sont réalisées grâce à un impôt annuel que verse chaque satrapie. Persépolis est incendiée en 330 avant Jésus-Christ.

La religion mazdéenne

Dans cette religion, Ahoura-Mazda, le dieu du Bien, créateur de toutes choses, s'oppose à Ahriman, le dieu du Mal. Pour entrer dans la Maison des Chants (le paradis), chaque homme doit avoir lutté contre le mal.
Cette religion ne débouchera pas cependant sur la croyance en un dieu unique et elle ne parviendra pas à remplacer les croyances antiques.

Les premières civilisations de l'Asie

La riche civilisation de l'Inde du Nord

Au IIIe millénaire avant Jésus-Christ, la première civilisation indienne se développe dans la vallée de l'Indus. Deux cités, Mohenjô-Dâro et Harappâ, témoignent de la qualité de cette civilisation qui connaît l'irrigation, cultive les céréales et pratique le commerce par mer avec la Mésopotamie. Vers 1400 avant Jésus-Christ, les Aryens, venus des hauts plateaux iraniens, envahissent l'Inde du Nord et mettent fin à la civilisation de l'Indus. Ils perfectionnent l'agriculture et développent l'usage des métaux et de la monnaie. Leur langue, le *sanskrit*, et leur religion, l'*hindouisme*, se répandent rapidement.

L'hindouiste croit en un dieu suprême qui se manifeste sous diverses formes.

Brahma, créateur du monde

Vishnou, protecteur des hommes

Shiva, le destructeur

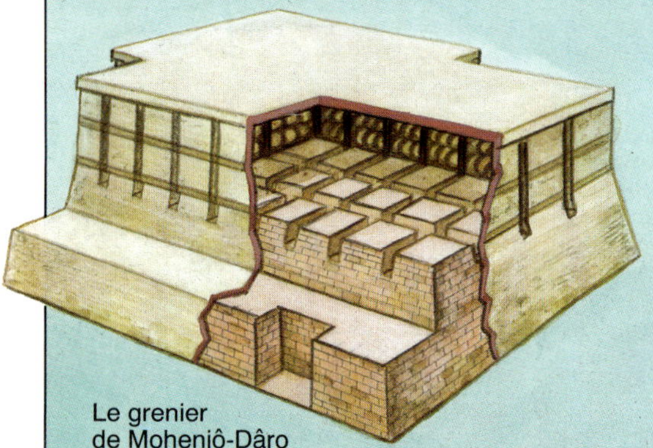

Le grenier de Mohenjô-Dâro

La naissance du bouddhisme

Siddharta, fils de roi, naît en 560 avant Jésus-Christ dans le nord de l'Inde. À vingt-neuf ans, bouleversé par le spectacle des souffrances humaines, il renonce à la richesse et se consacre à la méditation. Il reçoit la « révélation » et prêche le renoncement à tout désir. Ce chemin de la sagesse doit permettre d'échapper à la souffrance et d'accéder au bonheur, le *nirvâna*. Cette révélation fait de lui le Bouddha : l'Éveillé. Après sa mort, en - 476, le bouddhisme se répand dans toute l'Asie centrale, Ceylan et la Chine.

Siddharta consacre sa vie à enseigner la vérité qui lui a été révélée.

Confucius

Lao-Tseu

En Chine, le temps des philosophes
La première civilisation chinoise apparaît plusieurs millénaires avant Jésus-Christ, dans la vallée du fleuve Jaune. La Chine est ravagée par des guerres entre royaumes rivaux. Deux philosophes, Confucius et Lao-Tseu, dénoncent cette violence. Confucius appelle les hommes à obéir à une morale et à respecter l'ordre de la société. Lao-Tseu pense que le sage doit se détacher du monde et méditer dans la solitude. Ces deux philosophies différentes jettent les bases de la sagesse chinoise.

Le terrible Ts'in Che Houang-Ti
Entre 221 et 206 avant Jésus-Christ, un prince du royaume de Qin (Ts'in) unifie la Chine et fonde le premier Empire chinois. Il prend le titre d'Auguste souverain (Houang-Ti), ou Premier Empereur (Che Houang-Ti). Son fils ne peut empêcher l'effondrement de cet Empire, mais l'organisation de l'État mise en place subsistera fort longtemps. C'est cette dynastie des Qin qui donnera son nom à la Chine.

皇帝

« L'empereur » en caractères chinois (idéogrammes)

Véritable tyran, Ts'in Che Houang-Ti élimine la noblesse et institue une justice très sévère. Il prend des mesures contre les lettrés et ordonne de brûler les livres. Avide de prestige, il fait enterrer une armée de 6 400 fantassins en terre cuite, pour l'accompagner dans sa tombe.

La Grande Muraille
Construite sous Ts'in Che Houang-Ti, en 214 avant Jésus-Christ, pour protéger l'Empire des invasions barbares, elle mesure 3 000 km de long. Deux millions d'esclaves et de paysans, surveillés par 300 000 soldats, ont travaillé pendant 10 ans à son édification !

Hébreux et Phéniciens

Les Hébreux, un peuple nomade

Deux mille ans avant Jésus-Christ, les Hébreux, venus de Mésopotamie, sont des nomades qui se déplacent en quête de terres fertiles. Ils sont groupés en grandes familles ayant à leur tête un patriarche. L'un d'entre eux, Abraham, serait le fondateur du peuple hébreu. Les Hébreux s'installent d'abord en Palestine, puis en Égypte. Mal traités, ils fuient ce pays et errent dans le désert sous la conduite de Moïse. Au XIIIe siècle avant Jésus-Christ, ils se réinstallent en Palestine. Ils fondent alors le royaume d'Israël et prennent Jérusalem pour capitale vers l'an 1000 avant Jésus-Christ.

Moïse donne à son peuple les tables de la Loi, reçues de Dieu sur le mont Sinaï. Sur ces tables sont gravées les paroles de Dieu.

La Bible

C'est le Livre saint des Juifs et des Chrétiens, inspiré par Dieu. La Bible rassemble des récits d'époques différentes, transmis de génération en génération. L'Ancien Testament raconte comment Yahvé s'est révélé aux Hébreux et comment il leur a donné la Palestine, la Terre promise. Le Nouveau Testament est la seconde partie de la Bible, écrite après la naissance de Jésus-Christ.

בראשית

בְּרֵאשִׁית בָּרָא אֱלֹהִים אֵת הַשָּׁמַיִם וְאֵת הָאָרֶץ׃ וְהָאָרֶץ
הָיְתָה תֹהוּ וָבֹהוּ וְחֹשֶׁךְ עַל־פְּנֵי תְהוֹם וְרוּחַ אֱלֹהִים מְרַחֶפֶת
עַל־פְּנֵי הַמָּיִם׃ וַיֹּאמֶר אֱלֹהִים יְהִי־אוֹר וַיְהִי־אוֹר׃ וַיַּרְא אֱלֹהִים
אֶת־הָאוֹר כִּי־טוֹב וַיַּבְדֵּל אֱלֹהִים בֵּין הָאוֹר וּבֵין הַחֹשֶׁךְ׃ וַיִּקְרָא
אֱלֹהִים ׀ לָאוֹר יוֹם וְלַחֹשֶׁךְ קָרָא לָיְלָה וַיְהִי־עֶרֶב וַיְהִי־בֹקֶר יוֹם
אֶחָד׃

La plus grande partie de l'Ancien Testament a été écrite en hébreu. Le verset reproduit ci-dessus est écrit en hébreu et se lit de la droite vers la gauche. Le Nouveau Testament a été entièrement écrit en grec.

Tout au long de leur errance, les Hébreux transportent les tables de la Loi dans l'arche d'Alliance, coffret de bois précieux recouvert d'or.

Rois et prophètes

Pour conquérir la « Terre promise » de Palestine, les Hébreux s'unissent sous l'autorité d'un roi unique. Durant un siècle, successivement, les rois Saül, David et Salomon mènent cette conquête. Les prophètes, qui déclarent parler au nom de Yahvé, exercent une grande influence au sein du peuple.

La religion du Dieu unique

À la différence des autres peuples de l'Antiquité, les Hébreux n'adorent qu'un seul Dieu, « Yahvé » (celui qui est). Yahvé est à l'origine des religions juive, chrétienne et musulmane.

Le partage du royaume de Salomon

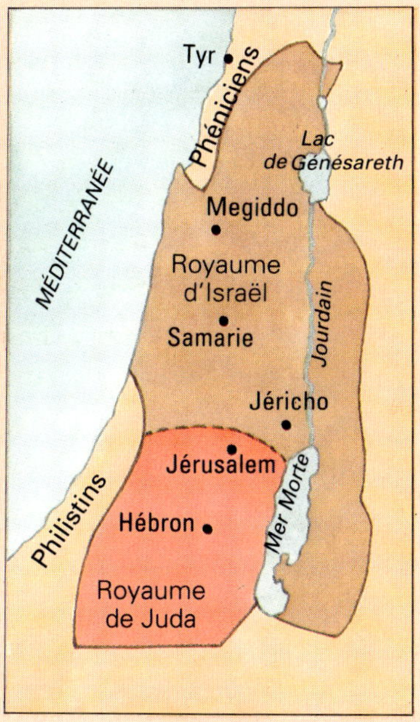

Divisés, vaincus, dispersés

Après la mort du roi Salomon en 932 avant Jésus-Christ, le royaume éclate en deux États rivaux qui sont rapidement conquis par leurs voisins. À la fin du Ier siècle après Jésus-Christ, les Juifs sont chassés de Palestine et dispersés dans l'ensemble du bassin méditerranéen. Les Romains désignèrent le centre de la Palestine sous le nom de Judée et ses habitants sous le nom de Judéens, qui donna le nom de Juifs.

Les Phéniciens, marins et commerçants

Émigrés de Mésopotamie il y a 5 000 ans, les Phéniciens, à la recherche de terres fertiles, s'installent au bord de la Méditerranée. Agriculteurs de qualité, ce sont aussi d'habiles artisans qui répandent les bronzes ciselés, les ivoires, la céramique et les étoffes pourpres. Ils construisent de robustes bateaux et deviennent d'excellents navigateurs. Ils établissent de nombreux comptoirs commerciaux autour de la Méditerranée. Au IXe siècle avant Jésus-Christ, ils fondent Carthage, qui deviendra la rivale de Rome.

Ce sont les premiers marins à utiliser l'Étoile polaire pour se diriger, la nuit, en mer.

Les inventeurs de l'alphabet

À l'écriture complexe pictographique, les Phéniciens substituent une écriture alphabétique plus simple. L'alphabet phénicien est l'ancêtre du nôtre.

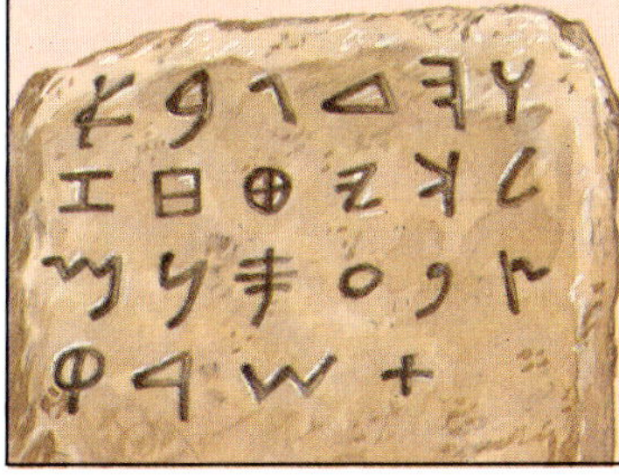

Chaque signe représente un son. L'ensemble des lettres, l'alphabet, comporte 22 consonnes et aucune voyelle. Les lignes d'écriture se lisent de droite à gauche.

Celtes et Scythes

Un millénaire avant Jésus-Christ, les tribus celtiques, originaires d'Europe centrale, émigrent vers l'Europe occidentale. Elles s'établissent sur de nombreux territoires correspondant à plusieurs pays actuels : les îles Britanniques, la France, l'Allemagne, l'Espagne, l'Italie du Nord...

Une multitude de tribus

Bien que parlant la même langue, pratiquant la même religion et ayant les mêmes coutumes, les Celtes ne connaissent pas d'unité politique. Ils sont divisés en un grand nombre de tribus indépendantes. Ainsi, la Gaule, dont une grande partie deviendra la France, compte une soixantaine de peuples qui mènent entre eux des combats incessants. Les Arvernes, les Carnutes, les Éduens, les Parisii et les Séquanes sont parmi les plus puissants de ces peuples.

Les druides

Les Celtes adorent de nombreux dieux (Toutatis, le dieu de la guerre, Taranis, le dieu de la foudre...). Les lieux de culte se trouvent en plein air, au fond de bois sacrés. Les druides sont les prêtres des Celtes. Ils leur enseignent le mépris de la mort et la bravoure. L'éducation des enfants leur est confiée.

Les bardes

Au cours des fêtes et cérémonies religieuses, les bardes récitent des poèmes célébrant les exploits des ancêtres et des chefs.

Moissonneuse

Guerriers

Avant de partir guerroyer, les Celtes se lavent les cheveux avec de la chaux et les font sécher en les rejetant en arrière. Cette chaux leur donne un air étrange et effrayant qui impressionne grandement leurs adversaires.

Paysans

Les Celtes sont d'excellents agriculteurs. Pour semer et récolter les céréales (blé, millet, orge, seigle, avoine), ils utilisent des charrues et des moissonneuses. Avec le chanvre et le lin, ils fabriquent tissus et cordages. Ils élèvent des chevaux, des vaches, des moutons, des porcs, et même des abeilles.

Des forteresses sur des collines

La ville celte est généralement construite sur une colline, parfois dans la boucle d'une rivière. Elle est entourée de remparts et porte le nom d'*oppidum*. Prévue pour servir de refuge en temps de guerre aux habitants des villages voisins, elle renferme des réserves de nourriture pour les hommes et le bétail. Bibracte, en Bourgogne, est un grand oppidum gaulois qui comprend tout un quartier de métallurgistes.

Les maîtres du fer

Les Celtes introduisent le fer en Europe. Habiles forgerons, ils l'utilisent en remplacement du bronze dans la fabrication des outils (marteaux, haches, serpes...) et des armes (poignards, épées, armures...). Le soc en fer remplace le soc en bois des charrues et permet un labour plus profond de la terre. Le fer intervient enfin dans la construction des maisons, dans le cerclage des roues et dans celui des tonneaux (invention celte).

L'oppidum est un lieu d'échange et de commerce important.

Les Scythes

À partir du VIIIe siècle avant Jésus-Christ, les Scythes, nomades iraniens, ravagent le nord de l'Iran, la Palestine et menacent l'Égypte. Cavaliers et guerriers redoutables, ils sont craints lors des combats. Ils habitent dans des chars, vivent de chasse et de pêche et commercent avec les Grecs. Leur art est remarquable. On a découvert dans leurs tombeaux des statuettes ciselées en or et en argent ou sculptées dans le bois. Ne possédant pas d'alphabet, ils ne nous ont laissé aucun écrit.

Les Scythes sont les premiers à utiliser le cheval comme monture.

À l'origine du monde grec

Mycènes

Déjà habitée au néolithique, la ville de Mycènes connaît sa plus grande prospérité au IIe millénaire avant Jésus-Christ. De 1400 à 1150 avant Jésus-Christ, elle est le centre le plus florissant de la mer Égée. Bâtie sur une colline, c'est une ville fortifiée. Les remparts qui la protègent sont si épais que la légende en attribue la construction aux cyclopes, géants pourvus d'un seul œil. La civilisation mycénienne est la première civilisation grecque.

Masque mortuaire d'un roi, en or martelé

Le bloc portant les deux lionnes pèse 20 tonnes.

Casque mycénien orné de défenses de sangliers

Lame de poignard en bronze

Troie

Longtemps, jusqu'au siècle dernier, on doute de l'existence de la ville de Troie. Un Allemand, Heinrich Schliemann, guidé par le récit d'Homère, *l'Iliade,* retrouve trace de la cité dans une plaine de la rive asiatique du détroit des Dardanelles. La colline où se situe la ville a une position commerciale de première importance, entre la mer Noire et la mer Égée, entre l'Asie et l'Europe. Assez petite, 140 mètres sur 90 mètres, Troie est entourée de remparts de 8 mètres de haut.

La guerre de Troie

Cette guerre oppose, vers la fin du XIIIe siècle avant Jésus-Christ, Agamemnon, roi d'Argos et de Mycènes, à Priam, roi de Troie. Elle est racontée dans *l'Iliade,* un des deux poèmes attribués au poète grec Homère, qui aurait vécu au IXe siècle avant Jésus-Christ. Le second de ces poèmes, *l'Odyssée,* raconte le retour d'Ulysse, un des héros de cette guerre. Ces poèmes se sont transmis oralement grâce aux aèdes, les poètes de l'époque.

Cheval de Troie
La légende raconte que, sur les conseils d'Ulysse, les Grecs construisirent un cheval de bois à l'intérieur duquel des guerriers se cachèrent. Le prenant pour un dieu, les Troyens firent entrer ce cheval dans la ville. Ulysse et ses compagnons en sortirent et ouvrirent alors les portes à l'armée grecque. Troie fut incendiée.

La civilisation crétoise
Entre 2600 et 1400 avant Jésus-Christ, une grande civilisation se développe en Crète, dont les plus spectaculaires manifestations sont les palais grandioses construits sur les collines. Détruits plusieurs fois à la suite de tremblements de terre, puis reconstruits, ces magnifiques palais semblent avoir été définitivement démolis vers 1400 avant Jésus-Christ.

Le palais de Cnossos

Les mystères de l'écriture crétoise

Ni les signes pictographiques du disque de Phaïstos, ni les signes simplifiés du linéaire A, apparu vers 1700 avant Jésus-Christ, n'ont pu être déchiffrés à ce jour.

L'expansion des villes grecques

Cités et tyrans

Au Ier millénaire avant Jésus-Christ, alors que l'Orient s'est constitué en vastes royaumes, les Grecs s'organisent en de nombreux petits États indépendants : les *Cités*. La cité est une communauté qui se gouverne librement. Elle a ses lois et ses dieux. Ce sont d'abord les plus riches propriétaires terriens, les *aristocrates,* qui font les lois. Puis, entre le VIIIe et le VIe siècle avant Jésus-Christ, le pouvoir passe aux mains des tyrans qui gouvernent en s'appuyant sur le peuple des villes et des campagnes sans s'occuper des lois. À la chute du tyran, le peuple de certaines cités s'empare du pouvoir et établit ses propres lois : ce sont les débuts de la démocratie (du grec *démos :* peuple).

Les plus grandes cités Ier millénaire av. J.-C.

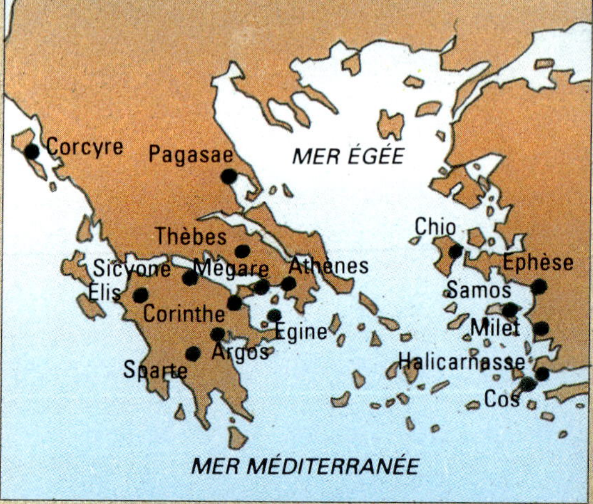

Des dieux très humains

Les Grecs vénèrent une multitude de dieux auxquels ils attribuent ce qui leur semble merveilleux ou mystérieux. Ils sont immortels et représentés sous une apparence humaine. Leur vie, racontée par la *mythologie,* ressemble à celle des hommes : ils se nourrissent, organisent des fêtes, se jalousent. Chaque cité a son dieu protecteur.

Les douze principaux dieux habitent le mont Olympe. Leur maître à tous, Zeus, le dieu du ciel, trône au sommet de cette montagne. Il est entouré de ses frères, Poséidon et Hadès.

Aux dieux s'ajoutent les *héros,* souvent fils d'un dieu et d'une femme, dont les exploits sont reconnus par tous. Héraclès terrasse ici le lion de Némée. Il accomplit ainsi un de ses 12 travaux.

Près du temple de Zeus, à Olympie, se déroulent, tous les quatre ans, les jeux Olympiques.

Temples et sanctuaires

Chaque jour, dans chaque famille, les dieux sont honorés par des prières et des offrandes : lait, vin, huile, parfums sont répandus sur le sol. Parfois les prêtres leur offrent en sacrifice un animal qu'ils font rôtir sur un autel devant le temple. Ces temples abritent la statue du dieu qu'on honore. Il existe en Grèce de grands espaces sacrés, les *sanctuaires*, lieux de rencontre pour tous les Grecs. De grandes fêtes s'y déroulent. Auteurs, poètes, chanteurs, athlètes, rivalisent pour honorer les dieux. Le sanctuaire d'Apollon à Delphes et celui de Zeus à Olympie sont les plus fréquentés.

La naissance du théâtre

Les Grecs accordent au théâtre une place importante. Il aide à l'éducation des citoyens. Tous peuvent assister aux représentations théâtrales. Les plus pauvres reçoivent de l'argent de l'État pour payer leur place. Les acteurs jouent le visage couvert d'un masque qui amplifie la voix et sert à montrer au public le sentiment qu'exprime le personnage : la joie, la colère, la peur... Chaque séance donne lieu à un concours entre les auteurs. Eschyle, Sophocle, Euripide sont des auteurs de tragédies ; Aristophane est un auteur de comédies.

Athènes au siècle de Périclès

La naissance de la démocratie

Au VIe siècle avant Jésus-Christ, Athènes est une cité aristocratique gouvernée par un petit nombre de grands propriétaires. Mais ces derniers doivent peu à peu accepter que les lois soient écrites et que pauvres et riches aient les mêmes droits. Tout le monde peut alors participer au gouvernement de la cité : c'est la *démocratie*. La société athénienne reste cependant inégalitaire : les femmes n'ont pas le droit de vote et les plus riches familles contrôlent de fait le pouvoir.

Les citoyens
Se réunissent sur la Pnyx en une assemblée appelée l'ecclésia. Peuvent proposer des lois.

Les magistrats
Sont désignés chaque année par les citoyens pour exécuter les décisions prises par le peuple.

Les stratèges
Magistrats les plus importants, ils dirigent l'armée, les finances et la diplomatie. Sont surveillés par l'ecclésia.

Périclès, un grand stratège

Élu quinze fois de suite *stratège*, Périclès fait d'Athènes la plus puissante des cités grecques. Entre 461 et 429 avant Jésus-Christ, la Grèce connaît un « âge d'or » appelé siècle de Périclès. Il s'attache à protéger les libertés acquises, encourage le commerce et favorise tout ce qui permet d'enrichir la cité. Convaincu que cet essor ne peut se réaliser que dans la paix, il dote Athènes d'une puissante armée pour la protéger. Les plus grands artistes de l'époque travaillent sous son contrôle. Sur l'Acropole, il fait édifier le Parthénon. En 429 avant Jésus-Christ, il meurt, victime de la peste.

Pour les Grecs, l'esclave n'est pas un homme, c'est un instrument.

Les travaux les plus durs lui sont réservés.

Métèques et esclaves

Les métèques sont les étrangers vivant à Athènes. Au nombre de 60 000, ils ne peuvent ni participer au gouvernement de la cité, ni posséder des terres, ni épouser une Athénienne. Ils sont artisans ou commerçants. 200 000 esclaves vivent à Athènes. Ils appartiennent à l'État, aux citoyens ou aux métèques. Ce sont des prisonniers de guerre ou des fils d'esclaves. Pendant que métèques et esclaves travaillent pour eux, les 40 000 citoyens d'Athènes se consacrent à la vie politique.

Athènes, un port prospère

La campagne athénienne est pauvre. On y cultive la vigne, l'olivier et les arbres fruitiers. C'est le commerce maritime qui enrichit les Athéniens. Leurs bateaux sillonnent la Méditerranée. Les commerçants exportent l'huile, le vin, les armes, les vases ; ils importent le blé, le bois, les viandes salées et le poisson séché. Le port d'Athènes, le Pirée, est un grand marché qui attire commerçants et banquiers de toute la Grèce.

La ville des arts et de la philosophie

Athènes est un des hauts lieux artistiques de la Grèce. Outre l'architecture et la sculpture, le théâtre, la musique et la poésie participent à cette renommée. Dans leur vie quotidienne, les Athéniens aiment les discussions, la réflexion, l'intelligence. Aussi la cité est-elle riche en penseurs et philosophes. Platon, Socrate et Aristote sont les plus célèbres.

L'Acropole

L'Empire athénien et la colonisation

Au début du ve siècle avant Jésus-Christ, les Athéniens repoussent les Perses qui cherchent à étendre leur empire. Athènes en tire un grand prestige. Les cités alliées perdent leur indépendance et sont soumises aux exigences athéniennes. Athènes installe des colonies – les *clérouquies* – sur le territoire de ces cités et dispose ainsi de terres pour ses habitants et de comptoirs pour son commerce.

Le temps des combats

Char à faux perse équipé de lames tranchantes sur les côtés

Les guerres médiques
En 499 avant Jésus-Christ, les cités grecques d'Asie Mineure se révoltent contre la domination du roi des Perses, Darius. Seules deux cités grecques d'Europe, Athènes et Erétries, leur apportent leur aide. Les Perses, ou Mèdes, comme les appellent les Grecs, décident d'entreprendre la conquête des cités grecques d'Europe. Les guerres médiques vont durer cinquante ans.

Athènes victorieuse
En 490 avant Jésus-Christ, les Perses débarquent à Marathon ; ils sont repoussés par les Athéniens. Pour annoncer la victoire, un coureur est dépêché à Athènes. À son arrivée, il meurt, épuisé, après avoir parcouru 42 km. Dix ans plus tard, les Perses pénètrent à nouveau en Grèce. Mais leur flotte est détruite par les Athéniens à Salamine. Vaincus à nouveau en 479 avant Jésus-Christ, les Perses évacuent la Grèce. Athènes jouit alors d'un grand prestige.

La guerre du Péloponnèse
Pour maintenir son empire, Athènes doit réprimer des révoltes de cités alliées et lutter contre Sparte. Cette cité du Péloponnèse, première puissance militaire de la Grèce continentale, lui dispute la suprématie. Pendant plus de 25 ans, les deux cités s'affrontent dans des combats violents. Cette guerre du Péloponnèse prend fin en 404 avant Jésus-Christ par la défaite d'Athènes, qui renonce à sa volonté de puissance et à son empire.

Le grand royaume de Macédoine
Au nord de la Grèce, la Macédoine est un royaume prospère. Son roi, Philippe, qui dispose d'une armée redoutable, rêve d'étendre son pouvoir sur toute la Grèce. Les cités grecques, affaiblies par leurs querelles, offrent peu de résistance. En 338 avant Jésus-Christ, Athènes est vaincue à la bataille de Chéronée. L'indépendance des cités n'existe plus, elles relèvent toutes du grand royaume macédonien. Mais Philippe est assassiné en 336 avant Jésus-Christ.

L'épopée d'Alexandre
Alexandre, fils de Philippe de Macédoine, devient roi à vingt ans. Commence alors une extraordinaire épopée. Alexandre se lance à la conquête de l'Empire perse de Darius. En 334 avant Jésus-Christ, il part avec une armée de 40 000 hommes. En huit ans, il va conquérir l'Asie Mineure, l'Égypte, la Mésopotamie, s'emparer de Babylone, de Persépolis et franchir l'Indus. Sur le chemin du retour, épuisé, il meurt à Babylone à trente-trois ans, en 323 avant Jésus-Christ.

Le mélange des peuples
Alexandre respecte les coutumes et les croyances des peuples vaincus tout en essayant de les gagner à la culture grecque. Il encourage les mariages entre Grecs et Barbares et fonde de nombreuses villes où des Grecs viennent s'installer. Même s'il ne parvient pas à réaliser son rêve d'un État stable et puissant mêlant les hommes de toute origine, il fait naître une brillante civilisation qui s'épanouit des bords de la Méditerranée jusqu'à l'Inde.

Les Étrusques. La fondation de Rome

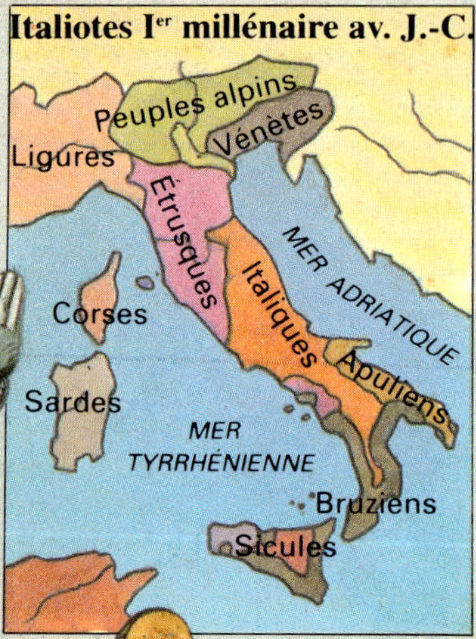

La civilisation étrusque
Elle apparaît neuf siècles avant Jésus-Christ. Venant sans doute d'Asie Mineure, les Étrusques arrivent par mer et par terre dans les plaines côtières de l'Italie, en Toscane, qui deviendra l'Étrurie. Comme les cités grecques, les villes étrusques sont indépendantes et gouvernées par un chef, le *lucumon*. Incapables de s'unir, elles se font souvent la guerre. L'influence grecque dans l'art étrusque est forte.
Les Étrusques ont laissé des écrits qui n'ont pu être traduits.

Les Étrusques sont de très bons métallurgistes et de merveilleux orfèvres.

Excellents navigateurs, les Étrusques partagent avec les Phéniciens la domination de la Méditerranée occidentale.

Les sépultures sont richement décorées. Ce couvercle de sarcophage sculpté représente les défunts.

Les Étrusques savent aménager leurs villes, avec voies pavées, aqueducs et systèmes d'égout.

La fondation de Rome

Selon la légende, Rome a été fondée en 753 avant Jésus-Christ par deux jumeaux, Romulus et Rémus, abandonnés sur les rives du Tibre et recueillis par une louve. Une fois grands, Romulus et Rémus décident de fonder une nouvelle ville à l'endroit où ils ont été trouvés. À la suite d'une dispute, Romulus tue son frère et devient le premier roi de Rome (la ville de Romulus). Vers 550 avant Jésus-Christ, les Étrusques occupent Rome et en font une vraie ville.

En 509 avant Jésus-Christ, les Romains se révoltent, chassent les rois et créent une république.

La louve est devenue l'emblème de Rome.

Grands propriétaires et petits paysans

Les grands propriétaires romains, les *patriciens*, détiennent le pouvoir. Ils sont servis par de petites gens, paysans pour la plupart, appelés les *clients*.

Les clients doivent assistance et fidélité à leur patron ; en échange, celui-ci leur doit protection en toutes circonstances.

Les petits paysans, artisans, commerçants, enrichissent la ville mais ne participent pas au pouvoir : ce sont les *plébéiens*. Ils se révoltent à plusieurs reprises. En 494 avant Jésus-Christ, ils obtiennent d'être représentés par des *tribuns* face aux patriciens. Il leur faudra plus de deux siècles pour obtenir l'égalité politique avec les patriciens.

Une société très religieuse

Les dieux des Romains ont les mêmes fonctions que les dieux grecs. Jupiter est ainsi l'équivalent de Zeus, Junon l'équivalent de Héra, Minerve l'équivalent d'Athéna... Les Romains craignent leurs dieux et s'assurent de leur protection par des sacrifices d'animaux. Avant de prendre une décision importante, ils les consultent. Des prêtres, les *augures*, observent les signes de la nature, notamment le vol des oiseaux, pour connaître la volonté des dieux.

Des prêtresses, les *vestales*, entretiennent dans la ville un feu sacré qui ne doit jamais s'éteindre.

La République conquérante

Un remarquable système politique

La *république* (du latin *res publica* : l'affaire de tous) est une forme de gouvernement où le pouvoir n'est pas détenu par un seul. Rome est une république gouvernée par un petit nombre de gens riches. Réunis en assemblées appelées *comices*, les citoyens votent les lois et élisent les *magistrats*. Ni les esclaves ni les étrangers ne sont citoyens. Les plus riches citoyens votent les premiers. On arrête le vote quand la majorité est atteinte, ainsi les plus pauvres ne votent-ils jamais. Les magistrats, élus pour un an, dirigent Rome. Ils sont généralement deux par fonction. Les plus importants sont les *consuls*, chefs du gouvernement et de l'armée.

Le sénat rassemble d'anciens magistrats nommés à vie.

Les magistrats consultent les sénateurs avant de prendre une décision.

Des conquêtes en série

Après avoir vaincu les Étrusques en 395 avant Jésus-Christ, l'armée romaine étend sa domination vers le nord de l'Italie. Elle soumet ensuite l'Italie centrale, puis le Sud, en 272 avant Jésus-Christ. De 264 à 146 avant Jésus-Christ, trois guerres, appelées *guerres puniques*, opposent Rome à Carthage. Cette colonie phénicienne possède des territoires convoités par les Romains. Après avoir été vaincue par Hannibal et ses éléphants, l'armée romaine reprend le dessus. Carthage est détruite après un long siège. Rome continue d'étendre sa domination sur l'Espagne, la Gaule du Sud ; elle conquiert les royaumes de Grèce, de Syrie et d'Égypte.

Les guerres puniques 264-146 av. J.-C.

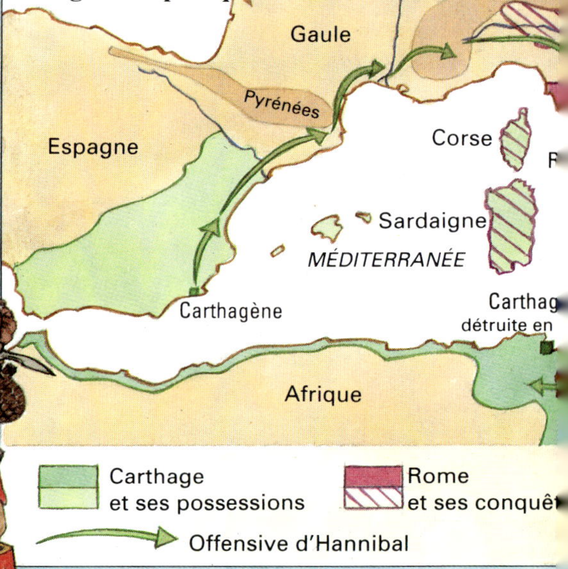

Le pouvoir des « imperatores »
Les généraux en chef victorieux, les *imperatores*, prennent un pouvoir de plus en plus grand dans ce vaste empire. Mais à partir du Iᵉʳ siècle avant Jésus-Christ, des guerres civiles les opposent et l'équilibre politique est menacé. Sylla, Pompée, César, Antoine, Octave sont parmi les généraux les plus célèbres.

Le patricien Jules César, habile orateur, gagne les faveurs des plébéiens.

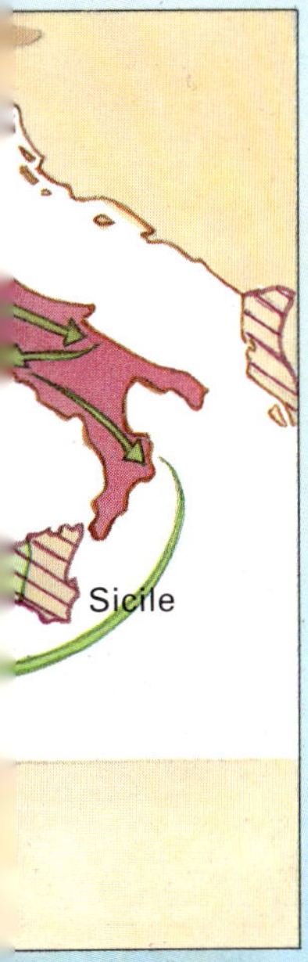

Une armée redoutable
Chez les Romains, on est militaire de 17 à 46 ans ! On est appelé chaque fois que cela est nécessaire, les riches dans la cavalerie, les autres dans l'infanterie.
L'armée comprend 30 *légions*. Chacune des légions compte 6 000 *fantassins*.
Cette puissante armée va conquérir le plus grand empire depuis celui d'Alexandre.

Une catapulte

La fin de la République
Après la conquête des Gaules, Jules César entre à Rome. Il se débarrasse de son rival Pompée et se fait nommer consul à vie. Accusé de vouloir rétablir la royauté à son profit, il est assassiné en plein sénat, en 44 avant Jésus-Christ. Dix ans plus tard, son fils adoptif Octave reste seul maître du monde romain, après sa victoire sur son rival Antoine.
La République n'existe plus. Octave devient le premier empereur de Rome en 27 avant Jésus-Christ, sous le nom d'Auguste.

La splendeur de la Rome impériale

L'empereur et l'administration

L'empereur vit à Rome, dans le palais impérial, sur la colline du Palatin. Son pouvoir est absolu. De nombreux fonctionnaires sont chargés de faire exécuter ses ordres. Rome est administrée par des *préfets*. Le préfet de la ville fait régner l'ordre, le préfet du prétoire commande la garde impériale, le préfet de l'annone assure le ravitaillement de la cité, le préfet des vigiles veille à sa sécurité. Le Conseil impérial prépare les lois et les grandes décisions ; le Trésor impérial reçoit les impôts. Les territoires conquis en dehors de l'Italie forment des *provinces*. L'empereur y est représenté par des *gouverneurs* qui contrôlent les cités, rendent la justice en son nom et font exécuter ses ordres. L'Empire compte quarante-quatre provinces.

La plus grande ville du monde
Les empereurs font de Rome la plus belle ville de l'Empire. Ils l'embellissent d'arcs de triomphe, de portiques et de grandes places, centres de la vie publique : les *forums*.

La ville ne présente pas partout un aspect luxueux. Au IIe siècle après Jésus-Christ, Rome compte plus d'un million d'habitants dont la plupart s'entassent dans des immeubles en bois (jusqu'à cinq étages !) peu solides, sans eau et sans égout, les *insulae*.

La révolte des plus pauvres
Les pauvres, les *humiliores* (les humbles), n'ont aucun pouvoir. Les petits paysans connaissent une situation difficile. Souvent, les impôts et les dettes les ont ruinés, ils ont dû abandonner leurs terres aux grands propriétaires et sont devenus de simples ouvriers agricoles. Parfois, aux époques de disette ou d'épidémie, des révoltes éclatent. Le sort des esclaves est variable selon leur maître et leur fonction. Dans les villes, il se différencie peu du sort du citoyen pauvre.

L'eau, transportée par des *aqueducs*, alimente les riches demeures, les fontaines et les thermes.

Les riches Romains préfèrent vivre en dehors de la ville. Ils habitent de somptueuses demeures décorées et construites dans des jardins.

Le culte impérial

L'empereur a reçu le nom d'« Auguste », c'est-à-dire que son autorité est comparable à celle d'un dieu. Un véritable culte se développe autour de sa personne. Ce culte a essentiellement pour but de lui manifester sa fidélité. C'est le sénat qui décide d'honorer un empereur en le déclarant divin après sa mort. Cet honneur s'appelle l'*apothéose*.

Réjouissances, cirques et théâtres

Des monuments sont consacrés aux loisirs. Ainsi, les thermes, établissements de bains entourés de gymnases, de jardins et de bibliothèques, sont très fréquentés. Il en est de même des théâtres, dont le plus grand peut accueillir 35 000 spectateurs ; du Grand Cirque, où 450 000 spectateurs peuvent suivre les courses de char ; ou encore de l'amphithéâtre du Colisée, où se déroulent des combats de gladiateurs. Sous l'Empire, les jeux sont devenus un moyen de gouvernement. Il y a 180 jours de fête par an, un jour sur deux est férié.

Les ruelles sont étroites, sales et dangereuses dès la nuit tombée. Les incendies sont fréquents.

Le ravitaillement de la grande cité

Le commerce est avant tout destiné à ravitailler Rome. D'Europe, d'Afrique, d'Orient, arrivent toutes sortes de marchandises qui font de la cité un immense marché universel.

Combat de gladiateurs

La civilisation romaine

La littérature

Nourris, influencés par la culture grecque, les écrivains romains donnent naissance à une littérature de grande qualité. Le premier à employer la langue latine en littérature est un Grec ! Ancien esclave, Livius Andronicus traduit en latin *l'Odyssée* d'Homère.

Orateurs et poètes

Au sénat et dans les cours de justice, les hommes rivalisent d'habileté dans le maniement de la langue. Cicéron est un grand orateur. Ses discours, il en écrivit plus de cent, sont restés célèbres. Jules César, son adversaire politique, lui donne souvent la réplique. Virgile est l'un des plus grands poètes de l'histoire romaine. Il écrivit *l'Énéide*, ouvrage qui raconte la fondation de Rome. Horace est également un grand poète qui vante les traditions romaines et les vertus d'Auguste. Virgile et Horace sont protégés par Mécène. En 12 000 vers, Ovide raconte, dans les *Métamorphoses*, la mythologie classique.

L'école romaine

Elle imite l'école grecque. À sept ans, l'enfant entre à l'école primaire et ne la quitte que vers onze ans pour l'école du *grammaticus*, qu'il suit jusqu'à quinze ans. Puis, s'il appartient à une riche famille, il passe chez le *rhéteur* pour suivre des études supérieures jusqu'à vingt ans. L'enfant de l'école primaire est confié à un serviteur, le *pédagogue*, qui l'accompagne toute la journée.

Les livres sont rares. Le maître utilise des rouleaux de papyrus.

L'écolier écrit sur des tablettes de bois enduites de cire.

Les meilleurs artistes du monde
À ses débuts, l'art romain s'inspire beaucoup de l'art grec, puis il prend sa véritable autonomie. L'architecture présente des qualités d'équilibre, d'élégance et de solidité remarquables. Les arcs, les courbes apparaissent, se multiplient. Des voûtes, des coupoles couvrent de puissants édifices.

La villa romaine
Bâtie au milieu d'un grand domaine agricole, appelé *latifundium*, elle appartient à un riche propriétaire. C'est une immense ferme qui fournit de la nourriture à la ville. Certaines villas emploient plusieurs centaines d'esclaves et de paysans libres. Beaucoup de ces grands domaines sont à l'origine des villages actuels.

Par leurs dimensions – parfois jusqu'à 200 pièces –, certaines villas sont de véritables palais campagnards.

La richesse de Pompéi
Le 24 août 79, la ville de Pompéi est ensevelie sous une pluie de cendres, causée par l'éruption du Vésuve. Ses vestiges, redécouverts en 1860, livrent d'extraordinaires documents sur la vie des Romains au Ier siècle. La richesse des habitations, leur décoration, la qualité du mobilier et des nombreux objets mis à jour montrent le niveau de civilisation auquel les Romains sont parvenus.

La Méditerranée à l'époque de la paix romaine

L'organisation de l'Empire

Pendant deux siècles, les empereurs font régner la paix dans tout l'Empire. L'armée romaine protège les frontières de cet immense territoire de 5 millions de km² et assure ainsi la prospérité de 80 millions de personnes. L'empereur confie à de hauts fonctionnaires, les *gouverneurs,* l'administration des quarante-quatre provinces. Les provinces impériales sont les provinces-frontières, peu sûres, où campent des troupes ; les gouverneurs sont nommés directement par l'empereur. Les provinces sénatoriales sont les plus anciennes et les plus riches ; les gouverneurs sont nommés par l'intermédiaire du sénat.

Les frontières de l'Empire sont protégées par des zones de fortifications, le « limes ».

90 000 km de routes !

Pour faire communiquer entre elles les différentes provinces et assurer la circulation rapide des troupes et des courriers impériaux, les Romains construisent un important réseau de routes pavées. Ces voies romaines sont rectilignes, jalonnées de bornes « milliaires » (1 mille romain était long de 1 472,50 m) et bordées de relais. Elles sont les ancêtres de nos routes.

Le brassage des populations
Les déplacements de troupes, la constitution de colonies de commerçants orientaux ou encore l'installation d'Italiens dans les provinces créent un brassage des populations. L'Empire en tire sa puissance économique.

La « romanisation »
Dans les provinces, les habitants veulent imiter les Romains. Les langues locales disparaissent au profit du *latin* qui devient la langue officielle de l'Empire. Le grec reste la langue parlée en Orient. Les villes construisent des monuments semblables à ceux de Rome. Les tribunaux jugent selon le droit romain. Tous les habitants de l'Empire paient un impôt à Rome. Partout le même culte est rendu à l'empereur. Certains provinciaux reçoivent la citoyenneté romaine.

Le christianisme promet le salut après la mort et s'adresse aux riches comme aux pauvres.

Jésus-Christ

Le succès fulgurant du christianisme

À partir du Ier siècle, une nouvelle religion, née en Palestine, se répand dans l'Empire romain. Un Galiléen, Jésus, se disant le fils de Dieu, est reconnu par certains comme le Messie (le Christ) annoncé par les prophètes. Il enseigne sa doctrine à ses disciples, les apôtres, et crée le *christianisme*. Les empereurs persécutent les chrétiens qui rejettent la religion officielle et refusent de célébrer le culte impérial. Jésus est crucifié. Au IVe siècle, l'empereur Constantin fait cesser les persécutions. Il se convertit au christianisme qui devient religion officielle.

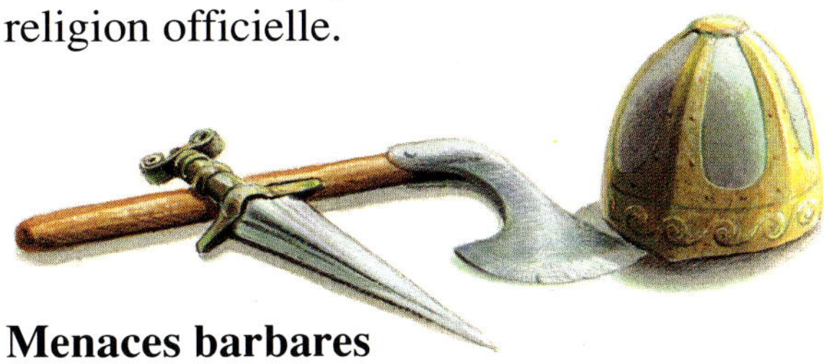

Menaces barbares

En 198, l'Empire s'agrandit de la province de Mésopotamie conquise par l'empereur Septime Sévère. Mais le déclin est proche ; l'Empire est harcelé par des tribus barbares. Déjà, en 102 avant Jésus-Christ, les Romains avaient chassé des Barbares arrivés jusqu'en Narbonnaise (province du sud de la Gaule). À partir du IIIe siècle, de nombreux peuples se pressent aux frontières. L'armée romaine est débordée et ne peut longtemps contenir ces envahisseurs.

Les grandes invasions

Rome aux mains des Barbares
En 410, les Wisigoths d'Alaric ont pillé Rome. Ce fut un choc énorme. Depuis près de huit siècles, nul ennemi n'avait pu pénétrer dans la « Ville éternelle ». En 455, les Vandales la mettent une nouvelle fois à sac. Mais Rome ne peut être détruite. Elle continue à vivre comme siège de l'Église, sous la protection du pape.

Les Germains déferlent sur l'Empire romain
Les Romains appellent « Barbares » les peuples qui ne sont pas sous leur domination. À partir du IIIe siècle, l'Empire est menacé au nord et à l'est par des Barbares germaniques qui rêvent de s'installer dans les riches régions méditerranéennes. Peu après 400, ces tribus germaniques traversent le Rhin et déferlent sur l'Empire. Les Wisigoths pillent Rome avant de gagner l'Espagne. Les Alamans, les Francs et les Burgondes envahissent la Gaule. Les Vandales se fixent en Afrique du Nord. Les Angles et les Saxons s'installent en Bretagne, les Ostrogoths en Italie.

Les Huns répandent la terreur. Ils pillent et massacrent les populations.

Attila, fléau de Dieu

Les Huns, peuplade venue des steppes de l'Asie, pénètrent à leur tour dans l'Empire en 451, sous la conduite de leur chef Attila. À la différence des autres Barbares, qui, après la conquête, s'installent sur le sol en prenant les meilleures terres, les Huns viennent effectuer des « razzias ». Romains et Germains s'allient pour les combattre. Repoussés après la bataille des « champs Catalauniques », ils repassent la frontière et se cantonnent au-delà du Danube.

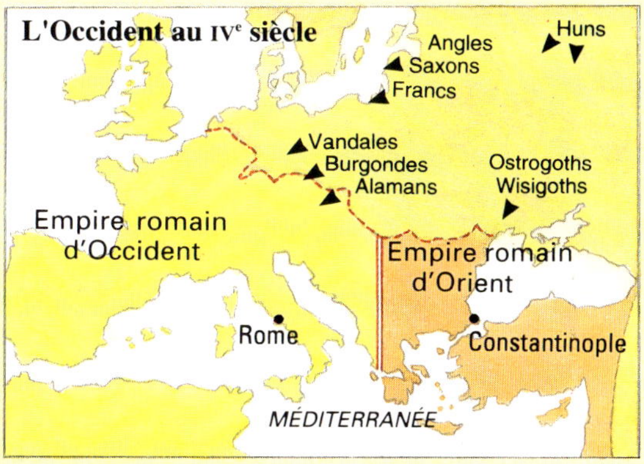

L'Empire romain coupé en deux

Pour mieux défendre l'Empire menacé par les Barbares, on nomme plusieurs empereurs. Au IVe siècle, Constantin reprend le pouvoir pour lui seul et fonde une nouvelle capitale sur le site antique de Byzance, qu'il appelle Constantinople. En 395, à la mort de l'empereur Théodose, l'Empire est partagé en deux : l'empire romain d'Occident, avec Rome pour capitale ; l'empire romain d'Orient, avec Constantinople pour capitale.

L'empereur Constantin

La culture romaine s'effondre en Occident

En 476, le chef de bande germanique Odoacre s'empare de Rome et chasse l'empereur Romulus Augustus. C'est la fin de l'empire romain d'Occident. La chute de Rome entraîne un effondrement de la culture. Cette nouvelle société, qui mêle vainqueurs et vaincus, parle un latin très déformé. Il n'y a plus d'écoles ni d'administration. On perd l'habitude de construire des monuments de pierre. Le goût de la guerre et de la violence domine.

Les royaumes barbares

Le triomphe des chefs de guerre
Il a fallu plus d'un siècle pour que les Germains, en quête de butin et de terres fertiles, se fixent ; un siècle au cours duquel l'autorité des chefs barbares se substitue, dans chaque région, au pouvoir impérial. Ces peuples barbares, constitués en sociétés guerrières divisées en clans familiaux, s'approprient la majorité des terres des propriétaires romains. Au début du VIe siècle, l'Occident est partagé en royaumes barbares autonomes. Mais il faudra encore deux siècles pour que Romains, Gallo-Romains et Barbares s'unissent, et que naissent, du mélange de ces communautés, des peuples nouveaux préfigurant l'Europe moderne.

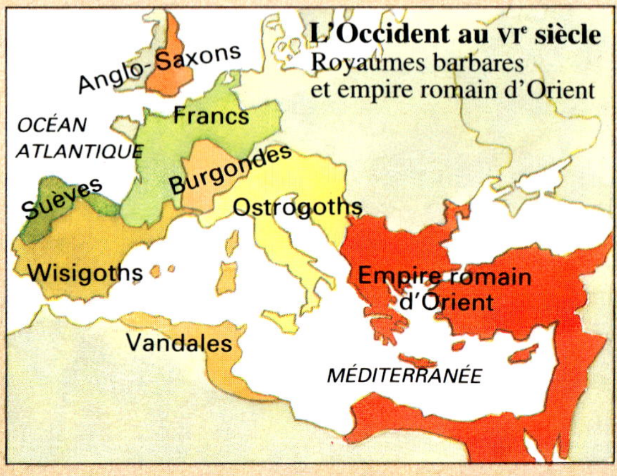

La violence des mœurs
Les clans barbares ont coutume de se faire justice eux-mêmes. Pour limiter cette violence, les chefs imposent des lois. La *loi salique* (loi des Francs) fixe le tarif du *Wergeld,* ou prix du sang, c'est-à-dire les compensations que doit payer le coupable à sa victime ou à la famille de celle-ci. Ainsi, pour le meurtre d'un homme, les tarifs pratiqués sont les suivants : victime de 20 à 50 ans : 300 sous d'or ; de 50 à 65 ans : 200 sous d'or ; de plus de 65 ans : 100 sous d'or.

La société barbare pratique le duel judiciaire.

Accusateur et accusé s'affrontent en combat singulier. Le vaincu est désigné coupable.

L'art des Barbares
Les Germains sont des forgerons habiles. En superposant des lamelles de même métal, ils obtiennent un acier plus résistant que celui des Romains. Leur sens artistique s'exprime dans la fabrication de bijoux en orfèvrerie cloisonnée. De fines cloisons d'or et d'argent séparent des compartiments à l'intérieur desquels on coule des métaux précieux et des émaux. On peut également y incruster des pierres précieuses.

Les Barbares et l'Église
L'Église s'efforce de préserver la doctrine chrétienne face aux pratiques païennes des Barbares. C'est dans les monastères, dont beaucoup se créent à partir du VIe siècle, que le mode de vie chrétien est le mieux conservé.
La règle de saint Benoît partage le temps entre la prière, le travail et la méditation.
Peu à peu, les rois barbares deviennent chrétiens.

Clovis, le premier roi des Francs
Clovis n'a que seize ans lorsqu'il devient roi des Francs en 481.
Il se lance à la conquête de la Gaule, divisée alors en plusieurs royaumes. En 486, à Soissons, il remporte sa première victoire sur les Gallo-Romains de Syagrius.
En 496, il bat les Alamans à Tolbiac et se convertit au christianisme.
L'Église lui accorde alors son soutien et, en 507, il remporte la bataille de Vouillé sur les Wisigoths.
À sa mort, en 511, il est le maître de la plus grande partie de la Gaule.

Charlemagne

Charles, un roi chrétien
Charlemagne (en latin *Carolus Magnus*, Charles le Grand) devient roi en 768. Défenseur de la foi chrétienne, ses conquêtes s'accompagnent de la conversion, de gré ou de force, des peuples vaincus. Il protège l'Église et soutient le pape dans les conflits qui l'opposent aux grandes familles de Rome. Il est surnommé le « père de l'Église ».

Petit-fils de Charles Martel, vainqueur des musulmans à Poitiers en 732, et fils de Pépin le Bref, Charlemagne appartient à la famille des Carolingiens.

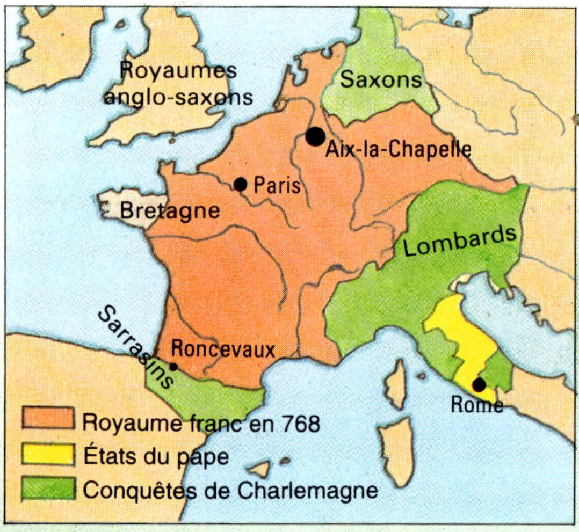

Les conquêtes
Charlemagne veut agrandir le royaume franc. Chaque année, au printemps, il part en guerre. Il fera quarante-six campagnes militaires. En Italie, il combat les Lombards qui menacent le pape. À l'est du Rhin, il mène, pendant trente ans, une guerre contre les Saxons. Au sud des Pyrénées, il combat les musulmans d'Espagne. Au cours d'une expédition espagnole, son arrière-garde, commandée par Roland, est exterminée au col de Roncevaux en 778.

Charlemagne, empereur

Après toutes ces conquêtes, Charlemagne apparaît comme le plus grand souverain d'Occident. En l'an 800, le pape Léon III le sacre empereur d'Occident. Ce titre d'empereur n'avait plus été porté depuis 476. Charlemagne s'installe à Aix-la-Chapelle, où il se fait construire un magnifique palais.

Une administration restaurée

Pour gouverner son royaume, Charlemagne veut restaurer une administration unifiée, comme dans l'ancien Empire romain. Les comtes, auxquels il accorde de grands domaines, « les bienfaits », sont chargés de l'ordre et de la justice. Ils sont surveillés par les « envoyés du maître », les *missi dominici.*
Les lois et ordonnances de l'empereur, les *Capitulaires,* sont transmises dans tout le royaume. Charlemagne s'appuie sur l'Église qui forme ses fonctionnaires et impose un serment de fidélité à ses sujets.

La cour de Charlemagne à Aix-la-Chapelle

La renaissance de la culture romaine

Charlemagne attire à sa cour les gens instruits et les savants de l'époque. Aidé de son conseiller Alcuin, il fonde des écoles. Sous son règne, les monastères deviennent des foyers de culture. On reconstruit les églises en ruine et on les décore de mosaïques, de peintures et de sculptures. On illustre magnifiquement les manuscrits écrits en beaux caractères lisibles.

Ruine de l'Empire et naissance de la féodalité

Le partage de Verdun
Le fils de Charlemagne, Louis le Pieux, réussit à préserver l'unité de l'Empire. À sa mort, en 840, son fils aîné Lothaire devient empereur. Mais ses fils cadets, Louis et Charles, réclament leur part à la succession. En 842, ils se rencontrent à Strasbourg et font le serment de s'entraider si Lothaire les attaque. Les serments de Strasbourg sont prononcés en langue germanique et en langue romane. Cette dernière donnera naissance au français. En 843, les trois frères signent le traité de Verdun qui partage l'Empire.

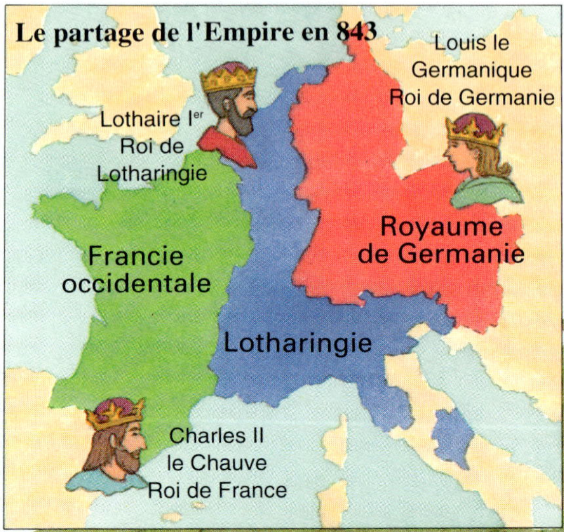

Le morcellement de l'Empire
Les souverains carolingiens confient l'administration de provinces entières aux principaux chefs de guerre : comtes, marquis, ducs. Ces grands seigneurs considèrent peu à peu ces territoires comme leur propriété. À la mort de Charles le Chauve, en 877, ils cessent d'obéir au roi. À la tête de principautés indépendantes, ils deviennent parfois plus puissants que le roi.

Les débuts de la vassalité

Depuis Charlemagne, les Carolingiens imposent à chacun de leurs sujets un serment de fidélité. Les grands seigneurs prêtent l'*hommage* au roi. Ils deviennent ses *vassaux* et lui doivent assistance en cas de danger. En échange de leur fidélité, le roi, qui est leur *suzerain*, leur donne des domaines, ou *fiefs*.
Les grands vassaux, comtes ou ducs, peuvent à leur tour s'assurer la fidélité de guerriers moins puissants qu'eux. Ce système de relations d'homme à homme, appelé *féodalité*, s'étend peu à peu à toute la société.

La puissance des grands seigneurs

L'autorité du roi ayant progressivement disparu, les chefs de guerre sont devenus de véritables rois dans leurs domaines. Ils lèvent leur propre armée, perçoivent les impôts à leur profit et exigent l'obéissance des paysans. Ces derniers sont contraints d'accepter leur brutale protection, en échange de redevances ou de corvées de travail.

De moins en moins de paysans libres

Les paysans, qui représentent la majorité de la population, vivent misérablement. Aux menaces de famine et d'épidémie s'ajoutent, à la fin du règne de Charlemagne, les risques de pillages. Autrefois majoritaires, les paysans libres ne sont plus qu'une poignée. Les paysans dépendants sont peu à peu devenus des *serfs*. Attachés au domaine seigneurial, ils sont privés de tout droit, comme les esclaves antiques, et peuvent être vendus avec les terres par le seigneur.

L'épopée des hommes du Nord

Les Vikings à la conquête des terres lointaines
Autrefois, Danois, Suédois et Norvégiens portaient le nom de *Vikings*. En Europe centrale et méridionale, on les appelait aussi les *Normands,* les « hommes du Nord ». Ces peuples menaient une vie difficile dans des pays au climat rude où l'agriculture ne pouvait se développer. Excellents marins, ils abandonnèrent leurs terres et lancèrent leurs bateaux, les *drakkars,* dans toutes les directions. Certains atteignirent l'Islande, les côtes du Canada, et colonisèrent le Groenland. D'autres se dirigèrent vers la Russie et les côtes européennes. Pirates redoutables, ils firent régner la terreur.

Les côtes de l'Europe ravagées
Dès le VIIIe siècle, les Vikings lancent leurs premiers raids sur les côtes anglaises et françaises. Au IXe siècle, leurs attaques deviennent plus fréquentes. Les Normands cherchent à s'emparer des richesses des monastères et des églises.

En 841, les Vikings pénètrent dans l'estuaire de la Seine, pillent et brûlent la ville de Rouen après avoir massacré la plupart des habitants.

En 843, ils remontent la Loire jusqu'à Nantes, égorgent l'évêque et les prêtres, pillent et incendient la ville.

Le drakkar est une barque longue de 20 à 25 m et large de 5 m. Elle peut loger une soixantaine d'hommes, dont une trentaine de rameurs. Elle file à une vitesse de 20 km/h. Parfois, on y embarque des chevaux. Ce bateau peu profond peut remonter les fleuves.

L'installation en Normandie

Les Normands terrifient les populations par leur brutalité et leurs déplacements rapides qui les rendent insaisissables. Face à eux, l'armée des Francs, ne possédant pas de flotte, est impuissante. Peu à peu, ces envahisseurs s'assagissent. Certains s'établissent et cohabitent avec les Francs. Des relations se créent entre les deux groupes. En 911, Charles le Simple signe avec le chef normand Rollon le traité de Saint-Clair-sur-Epte qui cède aux Normands l'Ouest du royaume. Cette région prend le nom de *Normandie*. Rollon devient duc de Normandie, se convertit au christianisme et prête serment de fidélité au roi.

Les Varègues

Au IXe siècle, d'autres hommes du Nord, les *Varègues,* venus de Suède et de Finlande, explorent les côtes de Russie. Les Varègues sont des soldats et des commerçants remarquables. Au Xe siècle, les chefs varègues fondent à Kiev le premier État organisé en Russie et se convertissent au christianisme.

En 885, sept cents navires transportant 40 000 soldats assiègent Paris, héroïquement défendu par le comte Eudes et l'évêque Gozlin. Le roi Charles le Gros obtient leur départ en versant une rançon de sept cents livres d'argent.

D'autres villes de France, ainsi que les côtes espagnoles et italiennes, seront ravagées.

L'Empire byzantin

Alors que l'empire romain d'Occident ne résiste pas aux invasions barbares et se disloque, l'empire romain d'Orient se maintient autour de Constantinople, sa capitale fondée sur le site antique de Byzance.

L'empereur tout-puissant

Comme jadis à Rome, l'empereur est un monarque absolu. Il reçoit sa couronne du patriarche de Constantinople, le chef de l'Église chrétienne orientale. C'est un personnage sacré, considéré comme le représentant de Dieu sur la terre. Il vit dans un palais somptueux. Dès qu'il apparaît, on se prosterne devant lui. Il est aidé dans son gouvernement par de nombreux fonctionnaires qui lui sont dévoués.

Les gardiens de la civilisation antique

De 527 à 565, l'empereur Justinien règne sur l'Empire byzantin. Se considérant comme l'héritier des empereurs romains, il veut rendre à l'empire son unité et sa grandeur. Il reconquiert une partie du territoire et domine à nouveau la Méditerranée. Il fait rédiger le code Justinien, recueil de lois grâce auquel l'Occident a connaissance du droit romain. Sous le règne de Basile II (976-1025), l'Empire byzantin est le plus grand centre commercial et intellectuel du monde. L'enseignement est totalement imprégné de la culture grecque de l'Antiquité.

L'empereur Justinien et sa cour

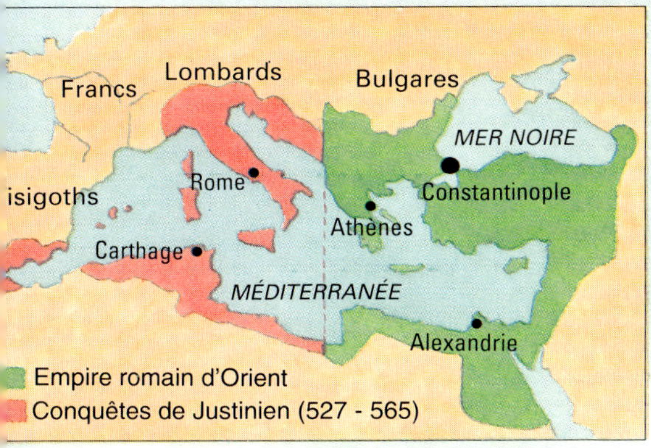

L'Empire byzantin à l'écart de la chrétienté occidentale
Très croyants, les Byzantins étudient la Bible et donnent des interprétations différentes des textes sacrés. L'empereur et les évêques essaient de défendre l'orthodoxie, c'est-à-dire l'ensemble des règles auxquelles il faut croire. Entre le pape de Rome, parlant le latin et installé parmi les royaumes barbares, et le patriarche de Constantinople, parlant le grec et soutenu par l'empereur, des conflits éclatent. Les deux communautés chrétiennes se séparent en 1054.

La basilique Sainte-Sophie fut construite sous l'empereur Justinien. Elle a servi de modèle à de nombreuses églises, même en Occident.

Les splendeurs de l'architecture byzantine
L'art byzantin est avant tout un art religieux. Il est la rencontre de deux mondes : l'occidental et l'oriental. Constantinople est la « reine des villes ». Cernée de remparts romains, elle compte une vingtaine de palais impériaux, de forums, de thermes...

Le monde arabe

Mahomet et la révélation

Né en 570 à La Mecque, Mahommed, dit Mahomet, est un marchand. Vers 610, il reçoit la révélation. L'ange Gabriel le charge d'aller prêcher l'*islam*, c'est-à-dire la soumission au Dieu unique, Allah.

Sa prédication a peu de succès. En 622, il s'enfuit de La Mecque et se réfugie à Médine. La date de sa fuite, l'*hégire*, marque le début du calendrier musulman. À Médine, il fonde la première communauté de fidèles. En 630, il revient en vainqueur à La Mecque et en fait une ville sainte. Sa religion se répand alors très vite dans toute l'Arabie. Les paroles d'Allah dictées à Mahomet sont rassemblées dans un livre : le *Coran*.

La foi conquérante

Après la mort de Mahomet, en 632, les Arabes se donnent pour chefs les *califes*. Choisis parmi les proches du prophète, ces derniers leur fixent un but commun : répandre l'islam chez les infidèles au moyen de la guerre sainte, le *djihad*. En moins d'un siècle, la domination musulmane s'étend de l'Inde à l'Espagne. La rapidité de cette conquête s'explique surtout par l'ardeur des cavaliers arabes : le Coran promet le paradis au combattant qui meurt pour la foi.

Une brillante civilisation

Entre le VIIIe et le XIIIe siècle, la civilisation de l'islam vit son « âge d'or ». Les califes, tel celui de Bagdad, jouissent d'une grande autorité. Leurs richesses sont immenses. Point de rencontre des cultures grecque, persane, indienne et chinoise, la civilisation de l'islam connaît un épanouissement des arts, des sciences et des lettres. De grandes bibliothèques sont créées à Cordoue, au Caire et à Bagdad. Cette civilisation se transmet peu à peu à l'Occident médiéval.

Les cinq piliers de l'islam
(règles fondamentales de la religion)
Le musulman doit :
- croire en un dieu unique ;
- prier cinq fois par jour ;
- faire l'aumône ;
- observer le jeûne du *ramadan* ;
- se rendre une fois dans sa vie en pèlerinage à La Mecque.

صدق الله العظيم وبلغ رسوله الكريم

L'arabe se lit de droite à gauche.

L'art musulman

Il emprunte des éléments architecturaux à Byzance pour les coupoles, à la Perse pour les arcs, à la Grèce antique pour les chapiteaux des colonnes. Des mosaïques et des peintures ornent les murs. Comme le Coran interdit la représentation de la figure humaine, les dessins sont géométriques ou en lignes sinueuses, les *arabesques*.

Miniature représentant une bibliothèque

Chrétiens et juifs dans l'Espagne musulmane

Les Arabes sont tolérants vis-à-vis des non-croyants, en particulier à l'égard des juifs et des chrétiens, qualifiés de « Gens du Livre » (par référence à la Bible). Ils peuvent garder leur religion, moyennant le paiement d'une taxe. En 713, un traité est conclu entre le conquérant arabe de l'Espagne et Théodomir, prince wisigoth catholique.

L'apogée de la civilisation chinoise

L'administration impériale

De 221 avant Jésus-Christ jusqu'en 1911, la Chine est dirigée par des dynasties successives d'empereurs. Jusqu'au XIIIe siècle, les plus célèbres d'entre elles sont les Han orientaux (Ier-IIIe siècle), les Tang (VIIe-Xe siècle) et les Song (Xe-XIIIe siècle). Fils du ciel, l'empereur a reçu de Dieu le pouvoir de gouverner. Il s'entoure d'hommes sachant lire et écrire. Ces hauts fonctionnaires, appelés les *mandarins*, sont les gouvernants. L'État est tout-puissant et centralisé : il contrôle le commerce, monopolise la vente des produits de grande consommation, comme le thé et le sel, et émet la monnaie.

Concours de recrutement de hauts fonctionnaires

Le temps des lettrés et des artistes

La classe des lettrés occupe le sommet de la société. Elle bénéficie de nombreux privilèges, qui lui sont accordés par son pouvoir administratif, son savoir et sa richesse. Ces privilèges se traduisent par une inégalité devant l'impôt entre la classe des gouvernants et celle des gouvernés, qui comprend les marchands, les paysans et les artisans.

À l'époque des Song, la vie artistique atteint un raffinement extraordinaire. Fabrication et décoration d'objets de jade et de porcelaine. Création de tissus de soie. Art de la calligraphie. Peinture. Poésie.

Dans les villes, beaucoup de Chinois évitent la misère en pratiquant le petit commerce (échoppes, marchands ambulants...).

De remarquables commerçants

La population chinoise double en deux siècles et atteint 100 millions d'habitants au XIIe siècle. De grands centres urbains se développent. La vente des soieries, des porcelaines, du papier et des céréales (notamment du riz) assure la fortune des grands marchands qui exportent dans toute l'Asie.

Pièces en bronze (dynastie Han)

Inventions et découvertes

Par ses techniques, la Chine est très en avance sur le reste du monde.

Le papier : inventé au IIe siècle avant Jésus-Christ (fabriqué à partir de fibres végétales) ; remplace la soie au IIIe siècle.

L'imprimerie : inventée au IXe siècle (premiers caractères en argile).

La poudre à canon : inventée au VIIe siècle ; application militaire au Xe siècle.

La boussole : principe découvert au IIIe siècle avant Jésus-Christ ; application marine au Xe siècle.

Nous devons également aux Chinois *la fonte du fer, le gouvernail d'étambot, la brouette, la porte d'écluse...*

La société féodale

Le système seigneurial

La seigneurie est un vaste domaine agricole, survivance des anciennes villas. Elle est divisée en deux parties : la *réserve*, que le seigneur garde pour lui et fait exploiter par ses serfs, et les *tenures*, parcelles de terre laissées aux paysans. Tous les habitants de la seigneurie sont sous la dépendance du seigneur. Ce pouvoir s'appelle le *ban*.

Le château fort

Il est le symbole du pouvoir seigneurial. Les premiers châteaux sont des tours de bois construites sur des buttes de terre, appelées *mottes*. Elles sont protégées par des remparts de terre surmontés d'une palissade. À partir du XIIe siècle, les châteaux sont construits en pierre avec d'épaisses murailles dominées par un donjon difficile à attaquer. En cas de danger, le château fort est le refuge de la population d'alentour.

Une société pyramidale

Les paysans

En échange des tenures, les paysans doivent au seigneur : le *cens*, payé en argent ou en nature (grains, volailles...), le *champart*, représentant généralement le dixième de la récolte, et les *corvées*, travaux gratuits effectués au château et sur la réserve. Le seigneur, moyennant des taxes appelées *banalités*, oblige les paysans à utiliser son four, son moulin et son pressoir. Enfin, pour prix de leur protection, les paysans doivent payer un impôt très lourd, la *taille*.

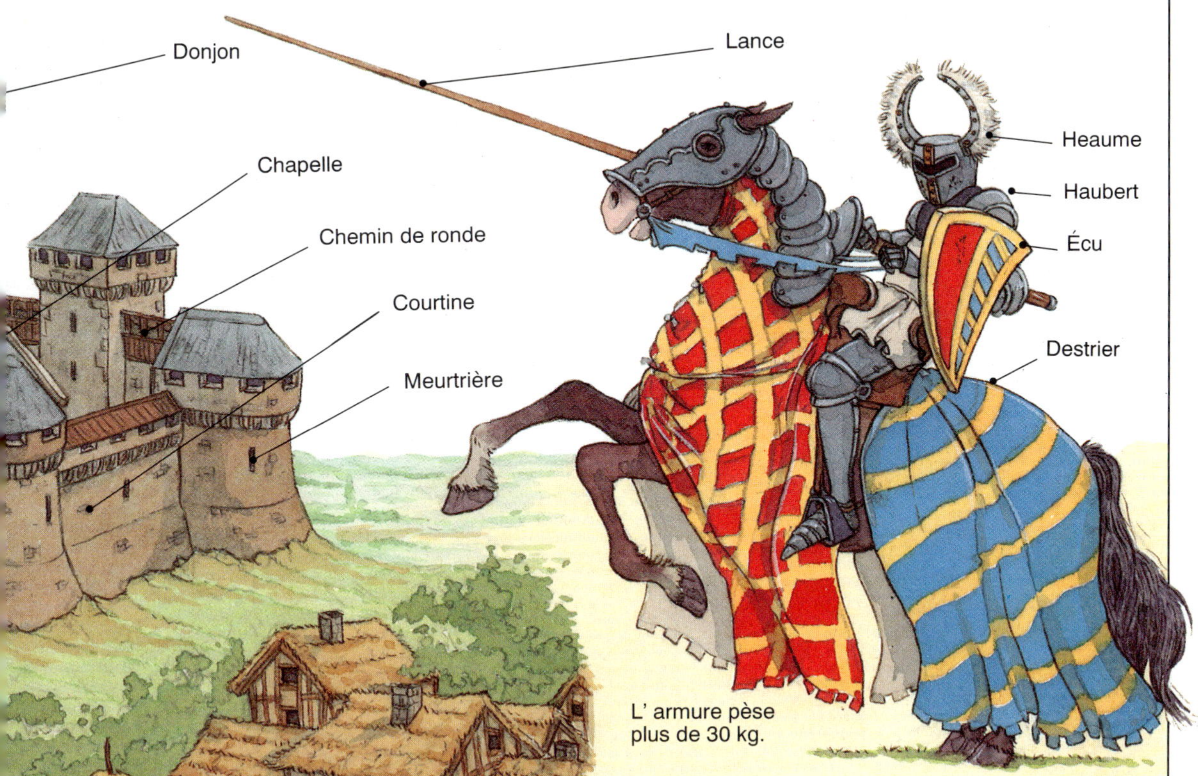

L' armure pèse plus de 30 kg.

L'éducation des chevaliers
Seuls les seigneurs sont assez riches pour devenir chevaliers. Dès l'âge de sept ans, le futur chevalier apprend à monter à cheval et à manier les armes. À douze ans, il quitte sa famille et devient page, puis écuyer. Vers dix-huit ans, au cours d'une cérémonie, l'*adoubement*, il est armé chevalier. Il jure sur les livres saints de défendre les faibles et de toujours servir Dieu. Le chevalier vit dans un château. Sa principale occupation est la guerre. L'hiver et en temps de paix, il consacre ses loisirs à la chasse et aux tournois. Ces derniers font parfois des morts.

L'Église et la chevalerie
L'Église s'efforce d'adoucir les coutumes chevaleresques. Elle interdit aux chevaliers de s'attaquer aux paysans, aux marchands et aux prêtres. En temps de guerre, elle les oblige à respecter la *trêve de Dieu*. Il est interdit de combattre du mercredi soir au lundi matin, en souvenir de la passion du Christ.

Progrès des techniques et monde rural

Le rythme des cultures
À partir du XIe siècle, on améliore la façon de cultiver le sol en pratiquant la rotation des cultures. On prévoit ainsi une alternance entre les semis d'automne, tels le froment et le seigle, et les semis de printemps, tels le blé, l'orge et l'avoine. La part habituellement réservée à la *jachère*, c'est-à-dire la partie non cultivée, diminue et, par suite, les productions augmentent.

Une révolution : le collier d'épaule
Ce nouveau collier remplace le *collier d'attelage* qui étranglait l'animal et le gênait dans sa respiration. Le *collier d'épaule* lui permet de tirer une charge cinq fois supérieure à celle qu'il tirait auparavant. Mais son prix est élevé, ce qui fait que seuls les riches peuvent l'utiliser. Le ferrage des chevaux améliore également la qualité des attelages.

Collier d'attelage

Collier d'épaule

Premières charrues à soc
À cette époque, la métallurgie progresse également ; on fabrique un fer plus résistant qui permet d'obtenir des outils agricoles de meilleure qualité. L'araire en bois, qui ne faisait qu'égratigner le sol, est peu à peu remplacé par la charrue à roues équipée d'un soc en fer et d'un versoir qui retourne la terre et permet des labours plus profonds. La terre, mieux travaillée, produit plus.

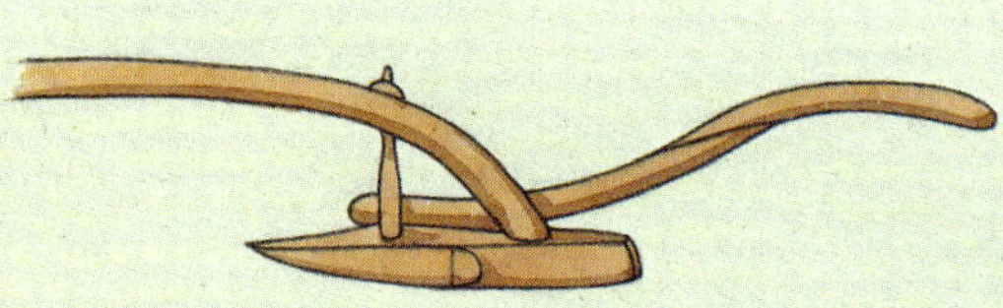

Araire en bois

Charrue à roues avec soc en fer

De nouveaux villages

Les outils, plus résistants et plus perfectionnés, permettent aux paysans d'étendre la surface cultivée.
Ils assèchent des marécages, s'attaquent aux broussailles, aux taillis et aux lisières des bois. En Europe, du Xe au XIIIe siècle, ces grands défrichements favorisent la création de villages neufs.

Les paysans entament rarement les forêts, qui demeurent la réserve de gibier et de pâture naturelle pour le petit bétail.

L'alimentation s'améliore

L'extension des surfaces cultivables et le meilleur travail de la terre permettent d'obtenir des productions accrues. Alors qu'aux alentours de l'an mil, on récoltait deux grains pour un seul semé, au XIIIe siècle, le rendement passe à quatre grains pour un. Cette évolution permet une amélioration progressive de l'alimentation. Mieux nourris, les hommes sont plus nombreux et vivent plus longtemps.

La vie en ville

Les communes se soulèvent parfois contre les seigneurs pour arracher leur indépendance.

Elles organisent leur défense à l'abri des remparts.

L'indépendance des communes

Les *bourgeois* (habitants du bourg) veulent se libérer de l'autorité du seigneur pour administrer eux-mêmes les affaires de la cité. Ils s'unissent en communes et obtiennent un document écrit, une *charte de franchise*, qui leur donne la liberté. Pour l'obtenir, les villes versent souvent une somme d'argent au seigneur. Les communes ont à leur tête un conseil constitué de riches bourgeois.

Le sceau de la ville

Les villes constamment menacées

Les villes médiévales se ressemblent. Derrière les remparts leur permettant d'assurer leur défense, se pressent des maisons de bois mal éclairées, séparées par des ruelles étroites et encombrées d'ordures. Au milieu de ces ruelles, une rigole permet l'écoulement de l'eau ; c'est aussi l'égout. Cet entassement favorise la propagation des incendies, et le manque d'hygiène, celle des épidémies comme la peste, fréquente à cette époque.

Les grandes villes du Moyen Âge

Elles occupent toujours un lieu offrant des conditions favorables aux échanges : nœuds routiers, passages d'eau (gués, ponts, bacs), intersection d'une route et d'un fleuve, confluent de rivières... Elles sont encore peu peuplées ; les plus grandes, à l'exception de Paris, dépassent rarement 20 000 habitants à la fin du XIIe siècle. Avec 200 000 habitants, Paris est à cette époque la plus grande ville du monde.

Pauvres et riches mélangés

Dans les villes, il existe de grandes différences sociales entre ceux qui possèdent leurs boutiques (maîtres, artisans, marchands) et ceux qu'ils emploient. Parfois des conflits violents éclatent, les ouvriers réclamant de meilleures conditions de travail. Ceux qui n'ont ni emploi ni domicile, qui sont « sans foi ni loi », forment la masse des mendiants.

Marchands et artisans
Les commerçants et les artisans de chaque métier se groupent dans les rues ; il y a la rue des poissonniers, des potiers, des bouchers... Dans les ateliers, les compagnons travaillent sous la direction de leur maître. Ils sont aidés des apprentis qui apprennent le métier et deviendront compagnons à leur tour. Pour devenir maître, le compagnon doit réaliser un travail difficile, le *chef-d'œuvre.* Les maîtres s'enrichissent et petit à petit se constitue une classe nouvelle, la bourgeoisie des villes.

Les plus riches marchands sont les drapiers, qui font travailler sous leurs ordres fileuses, tisserands et teinturiers.

Fêtes et cérémonies
Les villes sont des lieux de fêtes et de cérémonies. Lorsque l'on fête le saint patron d'une corporation de métier, saint Crépin pour les cordonniers, saint Éloi pour les forgerons et les orfèvres, les rues se colorent d'étoffes de soie et de tentures. On y défile. On se livre à des farces et à des jeux ; jongleurs et acrobates rivalisent d'habileté.

Villes et marchés

Les échanges entre villes et campagnes s'intensifient

À partir du XIIe siècle, les progrès techniques entraînent l'amélioration des conditions de vie et une renaissance des villages. Les propriétaires enrichis recherchent des produits de qualité : belles armes, riches étoffes, objets précieux... Dans les villes, où la population augmente, se développe une importante production artisanale. De grands marchés s'organisent et permettent les échanges entre produits agricoles et produits artisanaux.

De grands marchés : les foires

Au XIIe siècle, la construction d'un réseau de routes facilite le renouveau du commerce en Europe. Dans de nombreuses villes se tiennent des *foires*. Ce sont de grands centres d'échanges où les marchands, venus d'Italie, d'Espagne, d'Allemagne, apportent des tissus de soie, des fourrures, du blé, des draps, des épices venues d'Orient, des armes... Près de Paris, la principale foire est celle du Lendit, qui se tient en juin à Saint-Denis. D'autres grandes foires ont lieu tout au long de l'année en Champagne, à Provins, Lagny, Troyes, Bar-sur-Aube... Les villes prélèvent des taxes sur ce commerce ; elles s'enrichissent, ainsi que leurs habitants.

Le commerce des grandes cités

Voilà ce qu'une grande cité comme Bruges importait pour ses marchés :

« Du royaume d'Angleterre viennent les laines, l'or, l'étain, le charbon de terre, les fromages ;

Du royaume de Danemark : les chevaux, le cuir, la graisse, la potasse, les harengs, le bacon ;

Du royaume de Russie : la cire, le vair et le gris (fourrure d'une espèce d'écureuil) ;

Du royaume de Castille : la cochenille, la cire, le cordouan (cuir de Cordoue), la laine, le mercure, le suif, les vins, le cumin, l'anis, le fer ;

Des royaumes de Jérusalem, d'Égypte et du Soudan : le poivre et toutes les épices. »

La France, située entre la Flandre et l'Italie, est, par l'intermédiaire de ses grandes foires, un lieu privilégié.

Principaux centres commerciaux et foires

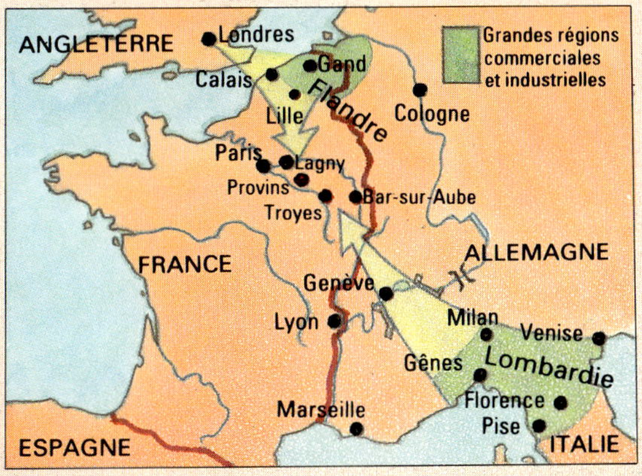

Le commerce de la Flandre à l'Italie

Au XIIIe siècle, il existe deux grands centres commerciaux et industriels en Europe. Au nord, la région des Flandres, avec de grandes villes comme Ypres, Lille, Gand, Douai, appelées « villes drapantes » en raison de l'importance du commerce du drap qui s'y pratique ; au sud, la région de Lombardie, en Italie du Nord, qui commerce avec Constantinople et l'Orient.

1. Agnel d'or
2. Florin d'or
3. Ducat de Venise

La monnaie

Pour faciliter le commerce, la monnaie, qui avait presque disparu, devient de plus en plus nécessaire. De nombreuses monnaies, dont la valeur dépend de la quantité de métal précieux qu'elles contiennent, sont mises en circulation. Banquiers et changeurs jouent un grand rôle. Ils s'enrichissent en prêtant de l'argent avec intérêt. Pour éviter la circulation d'importantes quantités de monnaies, les banquiers inventent de nouveaux moyens de paiement, comme la *lettre de change*, sorte de chèque.

Les progrès du savoir et la naissance des universités

Les écoles monastiques
Jusqu'à la fin du XIe siècle, la situation des écoles en Occident est médiocre. Rattachées à des monastères ou à des cathédrales, ces écoles sont fréquentées par ceux qui se destinent à être prêtres. Un *écolâtre* y dispense un enseignement d'un niveau souvent très bas. À partir du XIIe siècle, avec la renaissance des villes, de nouvelles écoles se créent, notamment dans les régions les plus favorisées du nord de la France. Mais l'école reste réservée aux hommes d'Église. Les chevaliers et les paysans ne savent ni lire ni écrire.

Les premières universités
Au début du XIIIe siècle, maîtres et étudiants conquièrent leur autonomie. Comme les autres corps de métiers à cette époque, ils s'associent en corporations : les *universités.* Ils organisent librement leur enseignement et leur administration, et cherchent à échapper à la tutelle de l'évêque. Dans ces universités, on enseigne la théologie, la reine des disciplines, mais également le droit, la médecine, l'arithmétique...

La Sorbonne
À Paris, au Quartier latin, Robert de Sorbon fonde en 1257 un collège qui accueille près de 10 000 étudiants à la fin du XIIIe siècle. Ce collège deviendra la Sorbonne.

De grands professeurs
Certains professeurs acquièrent une très grande renommée. On vient de toute l'Europe pour les écouter. Ainsi, Pierre Abélard et Thomas d'Aquin, qui enseignent à Paris, sont deux théologiens et philosophes exceptionnels.

Abélard

Thomas d'Aquin

Que faut-il apprendre ?
Les études sont longues. Les étudiants suivent d'abord, pendant sept ans, l'enseignement de la faculté des arts, qui correspond à notre enseignement secondaire. Puis les élèves se spécialisent. Certaines universités sont particulièrement renommées. C'est le cas de Paris, pour la théologie, de Bologne, pour le droit, ou encore de Montpellier, pour la médecine. La qualité des maîtres détermine souvent le choix des écoles et, par suite, celui des études.

Les nouveaux métiers du savoir
À l'origine, les étudiants de l'université se destinent à être hommes d'Église. Progressivement, un nombre croissant d'entre eux deviennent hommes de loi ou médecins. Avec les négociants, ils vont former les éléments les plus dynamiques de la bourgeoisie des villes.

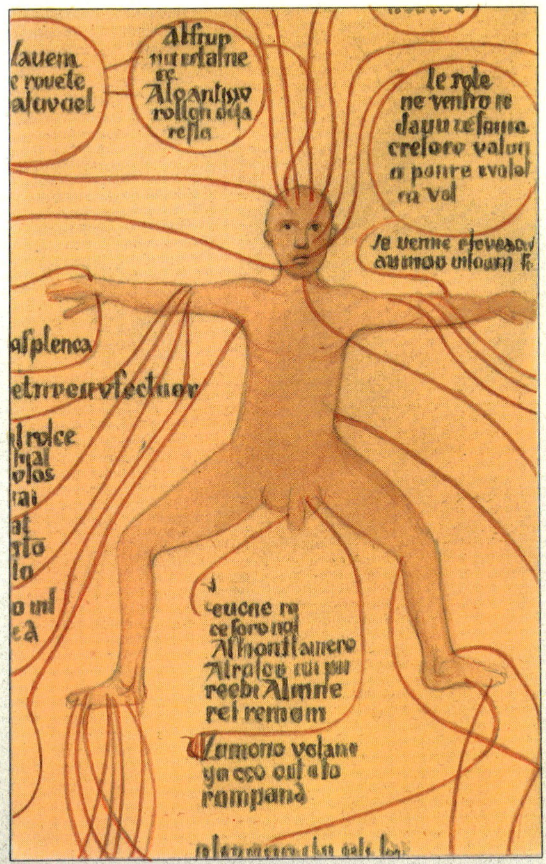

Page d'un traité de médecine

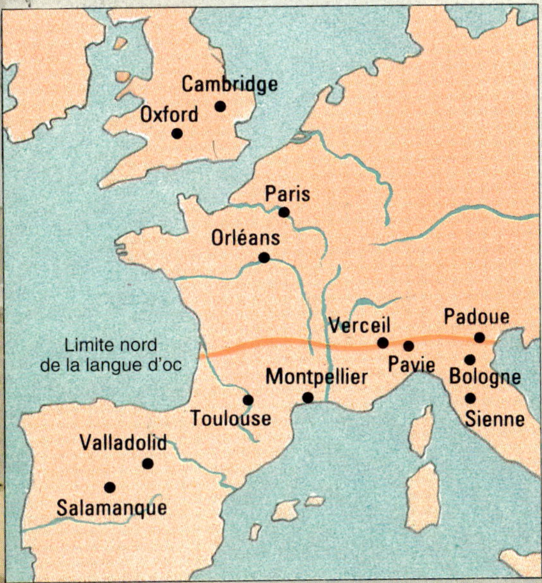

Vers 1300, on compte en Europe une quinzaine d'universités.

L'âge d'or de la chrétienté

Toute l'Europe est chrétienne
Au Moyen Âge, la foi est profonde et la peur du diable est forte. L'Église joue un rôle considérable dans la vie quotidienne des hommes. Elle rythme les grandes étapes de la vie : baptêmes, mariages, enterrements. Elle assiste les pauvres et les malades. Le pape, chef de l'Église catholique, siège à Rome. Beaucoup de chrétiens font des pèlerinages ; ils vont prier devant le tombeau de saint Pierre, à Rome, celui de saint Jacques, à Compostelle (Espagne), et celui du Christ, à Jérusalem (Orient).

Partout, des chantiers d'églises neuves

ART ROMAN
X^{e}-XIIe siècle

1. Notre-Dame-la-Grande, Poitiers (XIIe)
2. Basilique Saint-Zénon, Vérone, Italie (XIIe)

①

②

ART GOTHIQUE
XIIe-début XVIe siècle

3. Cathédrale Notre-Dame, Reims (XIIIe)
4. Sainte-Chapelle, Paris (XIIIe)
5. Église de la Trinité, Vendôme (façade début XVIe)

③

De nouveaux ordres religieux

À la fin du Xᵉ siècle, l'ordre de Cluny comprend 1 500 abbayes et plus de 10 000 moines. Ces derniers ne possèdent rien personnellement, mais vivent richement grâce aux dons des seigneurs. Saint Bernard condamne leur richesse et prêche la règle de la pauvreté absolue. À partir de 1112, il développe à Citeaux l'ordre des cisterciens qui regroupe quatre cents abbayes à la fin du XIIᵉ siècle. L'ordre des franciscains, créé par saint François d'Assise, et l'ordre des dominicains, créé par saint Dominique, sont des ordres mendiants.

Les églises romanes

À partir du Xᵉ siècle, l'époque romane s'étend sur un siècle et demi dans tout l'Occident. L'architecture romane est inspirée des architectures romaine, byzantine et islamique.

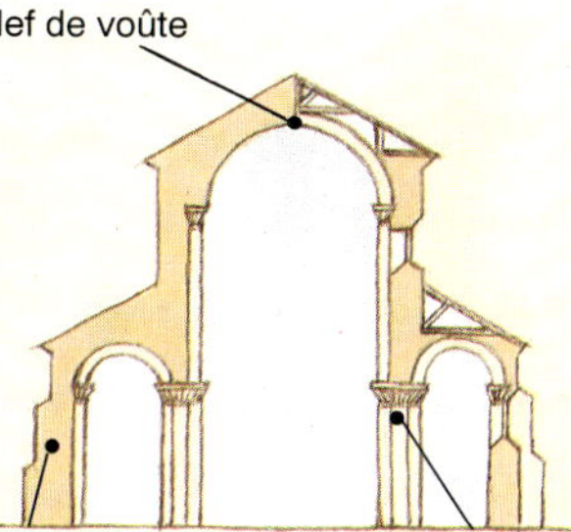

Ses caractéristiques sont l'emploi de la voûte de pierre en berceau, de la voûte d'arête et de la coupole pour couverture.

Les audaces de la cathédrale gothique

L'art gothique – comparé à l'art barbare des Goths – naît dans le domaine royal français dès le XIIᵉ siècle. Les formes gothiques sont utilisées pour la première fois dans la construction de l'abbaye royale de Saint-Denis.

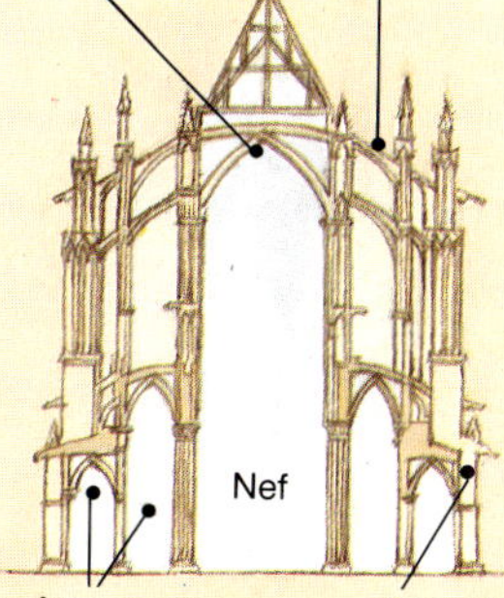

L'innovation principale est l'adoption de la croisée d'ogives. Les deux arcs brisés répartissent les poussées vers le bas ; les bâtiments peuvent ainsi être plus hauts. Les arcs-boutants permettent d'ouvrir de hautes fenêtres et d'augmenter la clarté de l'édifice.

Les Croisades

Pèlerinages aux lieux saints

Partir en pèlerinage est pour tout croyant faire un acte de pénitence et de foi pour gagner le salut éternel. Au XIe siècle, seigneurs, bourgeois et paysans affrontent les dangers du voyage : distances importantes, chemins peu sûrs où sévit le brigandage, pour aller prier sur les lieux saints. Au terme du voyage, souvent épuisés, ils voient et touchent les *reliques*, les restes des saints qu'ils vénèrent. Jérusalem, la ville sainte, est un haut lieu de pèlerinage.

L'élan de la première croisade

En 1095, le pape Urbain II prêche la première croisade, promettant le salut à tous ceux qui partent délivrer le tombeau du Christ. Un moine, Pierre l'Ermite, conduit une croisade de « pauvres gens » qui part sans préparation. Elle est écrasée par les Turcs en 1096. En 1099, la croisade des chevaliers, mieux préparée, reprend Jérusalem aux Turcs.

Jérusalem aux mains des Turcs

Au XIe siècle, les conquêtes des Turcs en Orient font craindre aux Occidentaux de ne plus pouvoir se rendre en Terre sainte. En 1078, Jérusalem est prise. À la fin du XIe siècle, les pèlerinages se transforment en croisades contre les Infidèles.

Unis contre les Infidèles

Depuis les invasions arabes, la lutte contre les Infidèles musulmans n'a pas cessé en Occident. À partir du XIe siècle, tous les rois d'Europe s'unissent pour livrer un assaut général à l'Islam occidental. Les souverains espagnols reconquièrent ainsi la plus grande partie de leur territoire en repoussant les musulmans vers le sud.

Saint Louis meurt à Tunis

Pendant deux siècles, les Croisades se succèdent et des milliers d'hommes se dirigent vers la Palestine.
Huit croisades auront lieu. Lors de la huitième, qu'il menait, le roi de France Louis IX – saint Louis – meurt de la peste à Tunis (1270).

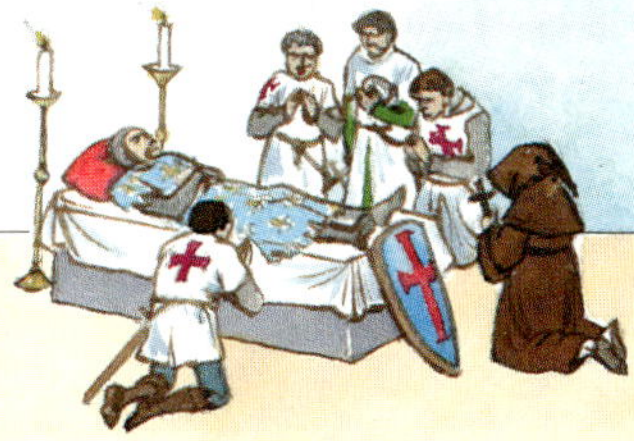

Mort de saint Louis lors de la 8e croisade

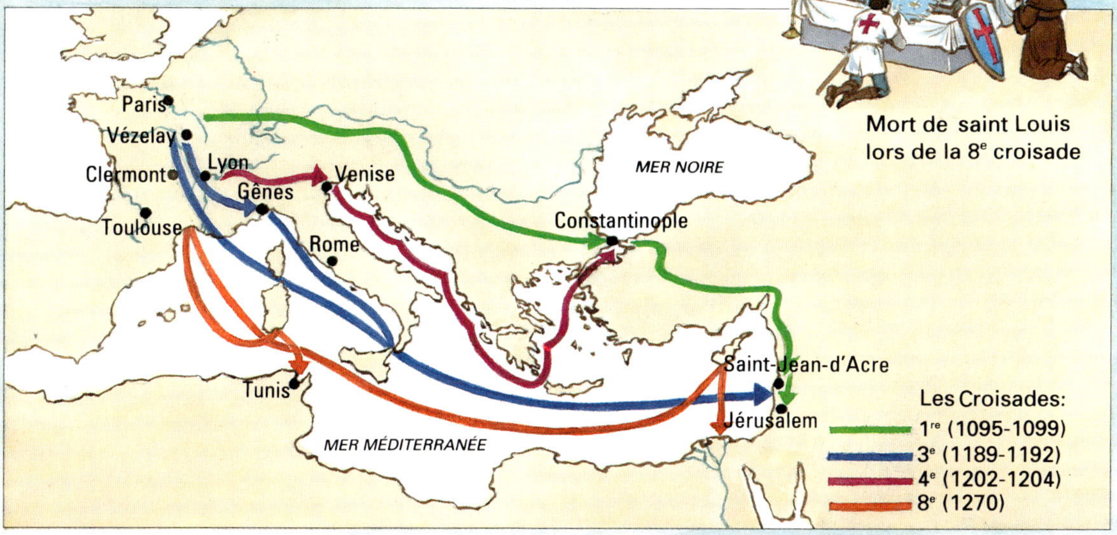

Le triomphe de Saladin
Pour les chrétiens, le sultan Saladin est un ennemi redoutable. Mais, chevaleresque, il force l'admiration de ses adversaires qui lui reconnaissent de grandes qualités. En 1187, il reprend Jérusalem aux chrétiens.

La formation du royaume de France

Xe siècle : l'élection de Hugues Capet

En 987, à la mort du dernier roi carolingien, les princes de la Francie occidentale et les évêques choisissent pour lui succéder un seigneur d'Ile-de-France : Hugues Capet, héritier d'une famille réputée pour sa lutte contre les Normands. Les descendants de Hugues Capet vont régner sur la France sans interruption jusqu'à la Révolution.

Le roi ne contrôle qu'une partie de l'Ile-de-France

Hugues Capet est loin d'être le plus puissant seigneur du royaume. Son domaine, très petit, ne comprend qu'une partie de l'Ile-de-France. Les comtes et les ducs qui l'ont choisi ne lui obéissent pas. Un jour, le comte de Périgord refuse d'exécuter un de ses ordres. Hugues Capet lui demande : « Qui t'a fait comte ? » « Et toi, lui réplique insolemment le comte, qui t'a fait roi ? »

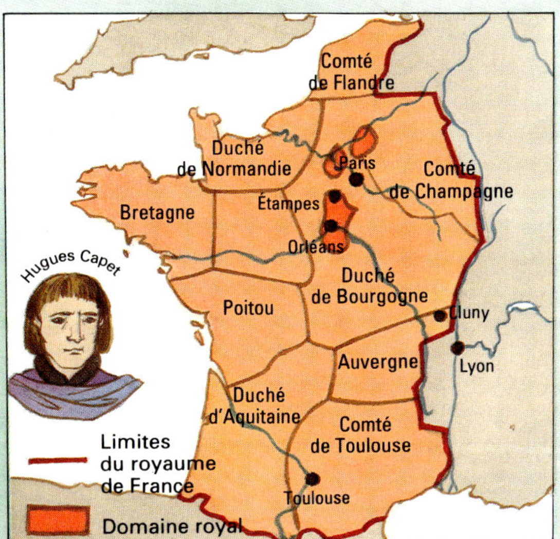

Fin du XIIe siècle : Philippe Auguste mate les seigneurs

Philippe Auguste profite des querelles qui opposent Henri II, le roi d'Angleterre, son plus puissant vassal, à ses fils, Richard Cœur de Lion et Jean sans Terre. En 1204, il s'empare de leurs fiefs : la Normandie, le Maine et l'Anjou. Jean sans Terre dresse alors, avec l'empereur d'Allemagne, le comte de Flandre et le comte de Boulogne, une coalition contre le roi de France. En 1214, Philippe Auguste triomphe à la bataille de Bouvines. Le royaume de France s'agrandit et l'autorité du roi s'affirme.

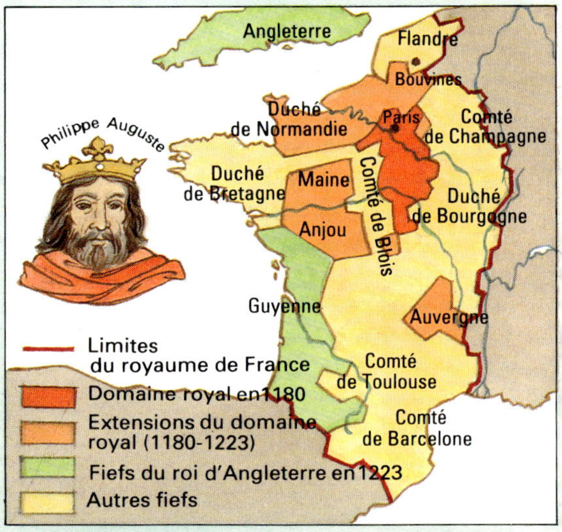

Sous Philippe Auguste, Paris devient la capitale du royaume.

En bon chrétien, Louis IX se soucie des pauvres.

XIIIᵉ siècle : Louis IX, un roi juste et chrétien

Louis IX rend souvent lui-même la justice. Il organise à Paris un tribunal, le « Parlement », devant lequel peuvent venir tous ceux qui sont mécontents du jugement des seigneurs. Pour soigner les malades, il fait construire des hôpitaux. La religion tient une grande place dans sa vie. Il favorise la fondation de monastères et fait construire la Sainte-Chapelle à Paris. À sa mort, il est canonisé sous le nom de saint Louis.

Fin du XIIIᵉ siècle : Philippe le Bel et les templiers

Le petit-fils de saint Louis gouverne avec fermeté. Manquant d'argent pour mieux gouverner son royaume, il lève de nombreux impôts. Il confisque les biens des juifs et s'empare de la fortune des moines soldats de l'ordre des Templiers, qu'il accuse de complot et condamne à être brûlés vifs.

Philippe Auguste entoure Paris de remparts et fait construire le Louvre. Au XIVᵉ siècle, Charles V le transforme en château fort.

La formation des grands États d'Europe

L'Angleterre
En 1066, après sa victoire à la bataille d'Hastings, Guillaume le Conquérant, duc de Normandie et vassal du roi de France, devient roi d'Angleterre. Ses héritiers agrandissent le royaume anglais des territoires français du Maine, de l'Anjou et de l'Aquitaine. En 1215, les barons anglais, qui souhaitent limiter le pouvoir royal, obtiennent une *Grande Charte*. Celle-ci oblige le souverain à s'entourer d'un conseil, qui prend le nom de *Parlement* en 1229. À la fin du XIIIᵉ siècle, l'Angleterre parlementaire est une puissance forte et moderne.

La tapisserie de Bayeux raconte en 58 épisodes la conquête de l'Angleterre par les Normands.

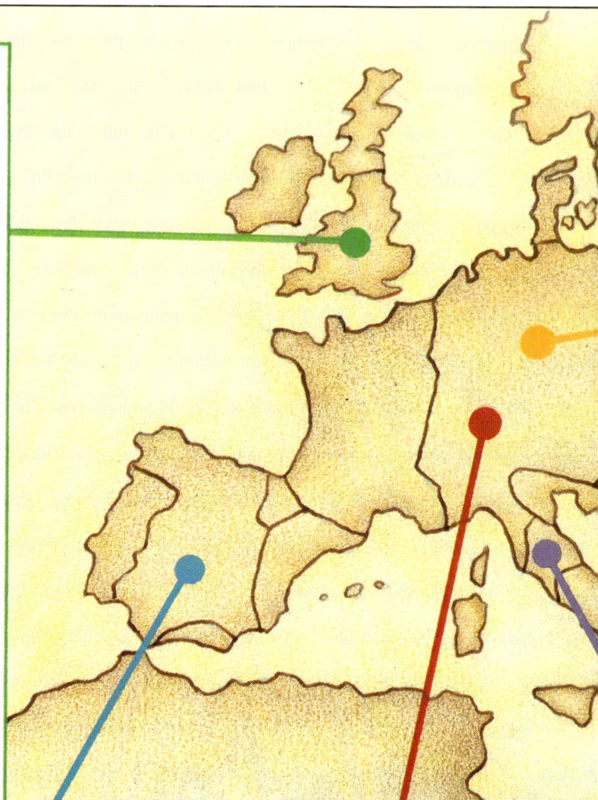

Objet d'art hispano-mauresque montrant l'influence de l'art musulman en Espagne

La reconquête de l'Espagne
Après deux siècles de combats, les rois chrétiens espagnols, aidés de seigneurs français, refoulent les musulmans au sud de l'Espagne, libérant la plus grande partie de leur territoire. À la fin du XIIIᵉ siècle, quatre royaumes chrétiens se partagent la péninsule : le Portugal, la Navarre, la Castille et l'Aragon.

Guillaume Tell, héros légendaire de l'indépendance helvétique, est condamné, par le bailli des Habsbourg, à traverser d'une flèche une pomme placée sur la tête de son fils. Il est vainqueur.

Libres cantons suisses
Au moment où l'autorité des rois de Germanie décline, des cantons montagnards commencent une lutte d'indépendance. En 1291, les trois cantons d'Uri, de Schwyz et d'Unterwald concluent un pacte d'entente pour résister à la pression des Habsbourg qui veulent imposer leur domination. En 1315, ils triomphent : c'est le début de la Confédération helvétique.

Frédéric Ier Barberousse

Le Saint-Empire romain germanique
Le royaume de Germanie est né en 843, lors du partage de l'empire de Charlemagne au traité de Verdun. Sous les Carolingiens, les chefs de duchés se révoltent souvent. En 936, un prince saxon, Othon Ier le Grand, rétablit l'autorité impériale. Il est couronné empereur par le pape en 962. L'empire, composé de l'Allemagne, de l'Autriche et d'une partie de l'Italie, prend le nom de Saint-Empire romain germanique. De grands empereurs : Frédéric Ier Barberousse, Henri VI, Frédéric II, vont assurer sa puissance.

Le pape Alexandre III

Les États du pape
Ils sont fondés en 756 lorsque Pépin le Bref, roi des Francs, fait don à l'Église de territoires anciennement byzantins conquis sur les Lombards. D'autres donations, au VIIIe puis au XIe siècle, agrandissent ces États. Le pape, en plus de son pouvoir spirituel, jouit ainsi d'un pouvoir temporel : il est le souverain des États de l'Église.

Icône du XIIe siècle

Naissance des États d'Europe de l'Est
Des peuples nomades slaves et hongrois, venus de l'est de l'Europe, cherchent à gagner les riches terres de l'Ouest à partir du IXe siècle. Entre 955 et 960, Othon Ier le Grand les repousse. Hongrois et Slaves s'établissent alors sur des territoires situés à l'est du Saint-Empire romain germanique, et forment des États (royaume de Hongrie, de Bohême, de Pologne, de Croatie, de Serbie...). Au XIIIe siècle, les Mongols s'installent en maîtres dans la plaine russe.

La guerre de Cent Ans

En 1328, deux candidats prétendent à la couronne de France : Édouard III, dix-sept ans, petit-fils de Philippe le Bel et roi d'Angleterre, et Philippe VI de Valois, neveu de Philippe le Bel. Les grands du royaume élisent Philippe VI parce qu'il est plus âgé, mais surtout parce qu'il est français. En 1337, Philippe VI confisque le duché de Guyenne, fief du roi d'Angleterre. Ce dernier riposte en prenant le titre de roi de France. C'est le début de la guerre de Cent Ans.

La guerre
En 1346, les chevaliers français sont vaincus à Crécy par les archers anglais. En 1347, les Anglais s'emparent de Calais. En 1356, à Poitiers, l'armée française est de nouveau battue et le roi Jean le Bon fait prisonnier. La France doit payer une forte rançon pour sa libération. Au traité de Brétigny, en 1360, la France cède un tiers du royaume au roi d'Angleterre.

Révoltes et épidémies
Les paysans, les « *Jacques* », se soulèvent parfois contre leurs seigneurs qui les écrasent d'impôts et se montrent incapables de les protéger. Ces *jacqueries* sont parfois très violentes. Des combats opposent également de grands seigneurs entre eux. À ces guerres civiles s'ajoutent famines et épidémies dues aux années de mauvaises récoltes. En 1348, la peste noire frappe l'Europe. Un Européen sur trois est touché. La France perd 5 millions d'habitants !

Charles V et Du Guesclin

Charles V succède à Jean le Bon en 1364. Il comprend qu'il vaut mieux éviter les grandes batailles et qu'il est préférable de mener contre l'ennemi une guerre de harcèlement et d'embuscades. Il met Du Guesclin à la tête de l'armée. Celui-ci débarrasse le pays des soldats pillards, réorganise l'armée et reconquiert peu à peu le territoire.

La France livrée aux Anglais

En 1415, les chevaliers français subissent une nouvelle défaite à Azincourt. En 1420, après le traité de Troyes, pratiquement toute la France est aux mains des Anglais. Les soldats pillards rançonnent les voyageurs ; la misère est partout.

Jeanne d'Arc

Jeanne, simple paysanne lorraine, dit entendre des voix venues du ciel qui lui ordonnent de chasser les Anglais du royaume.
Elle rencontre le roi Charles VII et le persuade de sa mission. En 1429, à la tête d'une petite armée, elle délivre Orléans alors aux mains des Anglais. Puis elle fait sacrer le roi à Reims. Faite prisonnière, elle meurt brûlée vive à Rouen en 1431.

Louis XI

Après la mort de Jeanne d'Arc, la guerre dure encore vingt ans. En 1453, les Anglais ne possèdent plus en France que Calais. En 1461, Louis XI succède à Charles VII et achève l'unité française. Il réorganise le pays et étend partout son autorité, après avoir vaincu le plus puissant des grands seigneurs, Charles le Téméraire, duc de Bourgogne.

Clartés italiennes

Gênes et Venise

Grâce à leur situation géographique très favorable et à l'esprit entreprenant de leurs habitants, Gênes et Venise sont deux cités maritimes qui connaissent, aux XIIIe et XIVe siècles, un développement considérable. Ce sont déjà les bateaux génois qui, au temps des Croisades, ont assuré le transport et l'approvisionnement des armées chrétiennes. Mais l'essentiel de leur richesse est dû aux bénéfices que les deux cités tirent du commerce avec l'Orient (soieries, épices...).

Port de Gênes

Venise est le plus grand marché financier d'Europe. Elle a sa propre monnaie d'or : le ducat vénitien.

Marchands vénitiens

Les artistes au service des princes

Au « quattrocento » (XVe siècle italien), les seigneurs, de riches bourgeois placés à la tête des grandes villes italiennes, vivent dans de magnifiques palais, entourés d'une cour somptueuse. Ils favorisent un renouveau artistique en protégeant les artistes qu'ils choisissent pour décorer leurs demeures. À Florence, les Médicis sont les premiers de ces mécènes. L'art se transforme. Il est moins marqué par la religion. Brunelleschi, Donatello, Alberti et Botticelli sont les sculpteurs et les peintres les plus célèbres de cette époque.

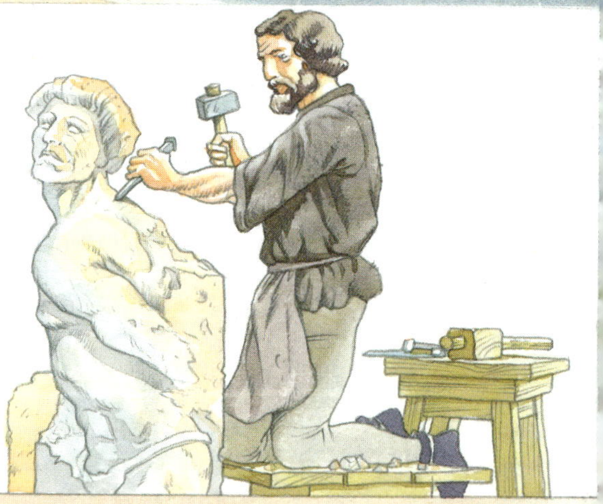

Monnaie d'or de Florence, le florin.

Des marchands puissants
Une riche classe d'armateurs et de négociants se constitue dans les cités qui commercent avec l'Orient et les villes de l'Ouest de l'Europe. Des familles accumulent d'immenses richesses et créent des compagnies commerciales et bancaires. Devenues très puissantes, certaines familles, tels les Médicis à Florence, accèdent au gouvernement des cités.

Florence et Milan

Florence est un centre de commerce intense. L'industrie lainière y est florissante. Ne possédant pas de débouché sur la mer, les Florentins se sont emparés de Pise et ont acheté Livourne, deux ports méditerranéens. Le développement du duché de Milan est associé au nom des deux familles qui se succèdent au gouvernement de la cité : les Visconti et les Sforza. L'ambition milanaise de réaliser l'unité italienne se heurte aux visées de Florence et de Venise.

Florence, la ville des fleurs, compte déjà 100 000 habitants vers 1300.

Les explorations

Les premiers périples des négociants italiens ; Marco Polo
Dès le XIIIe siècle, attirés par les richesses de l'Orient et encouragés par les récits de voyageurs, notamment de pèlerins, des marchands italiens se lancent à l'aventure sur les mers. En 1271, l'un d'entre eux, le Vénitien Marco Polo, rejoint l'Extrême-Orient. Il passera de longues années en Chine et en Perse. À son retour, en 1296, il publie le récit de ses aventures dans le *Livre des merveilles du monde*. Cet ouvrage connaît un immense succès. Il sera longtemps le seul document sur ces régions lointaines.

Les marchands italiens ramènent des épices de leurs voyages en Orient.

Une vision déformée du monde
Jusqu'au XVe siècle, comme le montrent les cartes de l'époque, bien des mystères subsistent sur la forme de la Terre et sur les continents qui la constituent. Des croyances, renforcées par les récits de voyageurs et de pèlerins, entretiennent le mystère. À l'est, au-delà du monde musulman, on imagine des pays regorgeant d'or et d'épices. À l'ouest, l'océan Atlantique effraie ; on prétend qu'à certains endroits la mer est en ébullition et donc infranchissable.

Les progrès de la navigation

La navigation devient plus facile. Dès le XIIIe siècle, les bateaux sont munis d'un gouvernail que l'on fixe à l'arrière : le *gouvernail d'étambot*. Les marins disposent de la boussole et de cartes marines, les *portulans*, qui sont de plus en plus précises.

Au XVe siècle, de nouveaux navires, pourvus de larges voiles, les *caravelles*, sont capables de naviguer en haute mer, loin des côtes.

L'*astrolabe* aide les marins à mieux repérer la position de leur bateau en mer.

Les gens de mer sont les premiers à dessiner des cartes avec un certain souci d'exactitude.

Les audaces des navigateurs portugais

Hardis navigateurs, les Portugais se lancent sur les océans. Ils cherchent une voie nouvelle pour atteindre la côte indienne. De 1416 à 1460, le prince Henri le Navigateur dirige l'exploration méthodique des côtes africaines.
En 1487, Barthélemy Diaz atteint le cap du sud de l'Afrique, baptisé le cap de Bonne-Espérance. Dix ans plus tard, Vasco de Gama passe le cap de Bonne-Espérance, traverse l'océan Indien et atteint la côte de l'Inde à Calicut.
Il a découvert la vraie route des Indes, la plus courte.

Vasco de Gama

Les empires d'Asie

La puissance de l'Empire ottoman
À la fin du XIIIe siècle, des tribus de nomades turcs, venues d'Asie centrale, s'installent en Anatolie, la Turquie actuelle. Leur chef, le sultan Osman Ier, donnera son nom à l'Empire ottoman. Les Turcs mènent une politique de conquêtes à travers l'Empire byzantin. Ils possèdent d'excellentes qualités militaires. Leur force principale réside dans le corps des *janissaires,* composé de soldats chrétiens, slaves et grecs, recrutés dès l'enfance et convertis à l'islam. En 1566, l'Empire ottoman s'étend de l'ouest de la Méditerranée au golfe Persique.

La prise de Constantinople
En 1451, le Turc Mahomet II monte sur le trône et prépare l'attaque de Constantinople. En avril 1453, la capitale de l'Empire byzantin est assiégée. L'empereur Constantin XI la défend vaillamment mais les Turcs s'imposent. Le 29 mai 1453, l'assaut final est donné. L'empereur est tué et Mahomet II entre à cheval dans la basilique Sainte-Sophie. La prise de Constantinople marque la fin de l'Empire byzantin. Constantinople devient la nouvelle capitale de l'Empire ottoman.

En 1453, le sultan Mahomet II entre dans Constantinople.

L'Asie aux mains des Mongols

En 1206, Temüdjin est proclamé roi des Mongols par les chefs de tribus, les *Khans*, réunis sous son autorité. Il prend le nom de Gengis Khan. En quelques années, il domine tous les peuples de Mongolie. S'appuyant sur une redoutable cavalerie d'archers, il entreprend une série de conquêtes extraordinaires. En 1211, les Mongols envahissent la Chine et l'Asie centrale. Ils pillent, massacrent et sèment partout la terreur. À sa mort, en 1227, Gengis Khan a conquis un immense empire.

Gengis Khan signifie « Le chef suprême ».

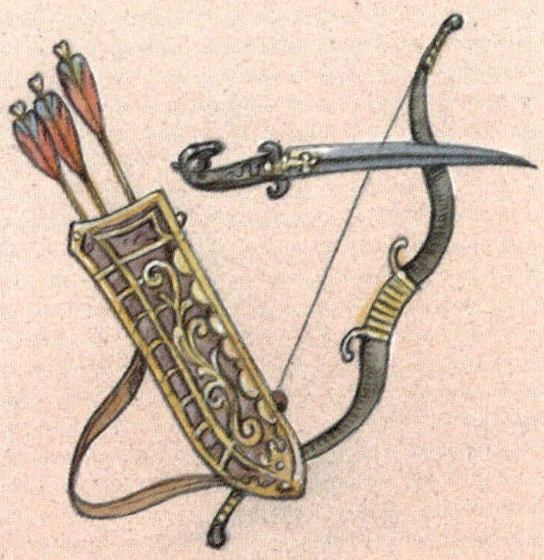

Armes mongoles

La Russie sous le joug des Tatars

En 1236, des cavaliers mongols conquièrent les principautés russes et s'y installent. Les Russes les appellent des « Tatars », du nom d'une tribu mongole particulièrement redoutable. Cette occupation va durer deux siècles. Le pays est alors province de la « Horde d'Or », nom donné à l'Empire mongol. En 1380, un prince russe, Dimitri Donskoï, attaque les Tatars et les bat à Koulikovo. Cette bataille marque le point de départ de la nation russe.

Les Mongols vivent dans de grandes tentes de feutre.

Les civilisations amérindiennes

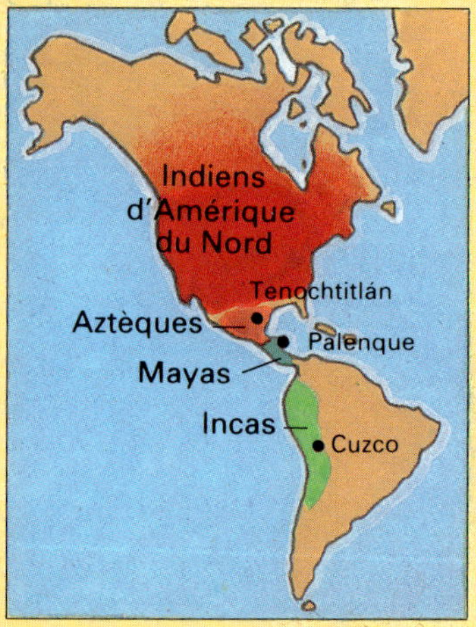

Le continent américain s'est peuplé plus tardivement que le reste du monde. Des civilisations parfois brillantes, que l'on appellera plus tard « amérindiennes », s'y sont développées de façon totalement autonome.

Les Indiens d'Amérique du Nord
Croyant atteindre l'Inde, les Européens qui découvrent l'Amérique appellent « Indiens » les peuples qu'ils rencontrent. Ces peuples sont les descendants des chasseurs asiatiques qui, les premiers, peuplèrent l'Amérique, il y a environ 30 000 ans. Coupées du reste du monde, les populations d'Amérique du Nord vivent encore à l'âge néolithique, pratiquant la cueillette, la pêche et la chasse, notamment celle du bison. Les Européens leur donnent aussi le nom de « Peaux-Rouges », en raison de la couleur des peintures de guerre qu'ils portent sur le visage.

Les Mayas
Ils peuplent l'Amérique centrale. Entre le IVe et le XIIe siècle, leur civilisation atteint un haut niveau de développement. Ils vivent en cités indépendantes, dirigée chacune par un chef détenant le pouvoir politique et religieux. Ils adorent des dieux, mi-animaux mi-humains, auxquels ils sacrifient des animaux, mais aussi des hommes. Leurs temples se trouvent au sommet de pyramides. Agriculteurs, ils pratiquent l'irrigation et cultivent surtout le maïs – d'où leur nom de Maya. Ils connaissent l'écriture, sont de bons mathématiciens et d'excellents astronomes. Les Mayas ont mis au point un calendrier très précis.

Les Aztèques

Venus d'Amérique du Nord, les Aztèques se fixent au Mexique actuel au XIe siècle. Dirigés par un empereur et une noblesse militaire, les Aztèques dominent rapidement les autres peuples d'Amérique centrale. Peuple guerrier, ils sacrifient leurs prisonniers pour obtenir des dieux que le soleil continue de se lever.

Les Aztèques adorent un très grand nombre de dieux dont le plus curieux est le serpent à plumes, le *Quetzalcoatl*. Bâtie à près de 2 000 mètres d'altitude, leur capitale, *Tenochtitlan*, est une des plus grandes villes du monde avec ses marchés, ses jardins suspendus et ses extraordinaires pyramides de sacrifice.

L'Empire inca

Au XVe siècle, cet empire s'étend sur plus de 900 000 km^2 sur les hauts plateaux du Pérou, en Amérique du Sud. Il compte 12 millions d'habitants répartis en 90 tribus. Il est dirigé par « l'Inca », Fils du Soleil, souverain vénéré comme un dieu vivant. Des coureurs à pied transmettent ses ordres en utilisant un réseau routier de 16 000 km ! Une langue commune, le *quetchua*, et le culte du dieu Soleil sont imposés à tous. La civilisation inca est très brillante ; palais et temples sont colossaux. Les artisans fabriquent des bijoux en or, des tissus fins, de la céramique, qu'ils échangent contre de la nourriture, car la monnaie n'existe pas. Pour calculer, ils utilisent une cordelette à nœuds.

Les Européens à la conquête du monde

Les conquêtes turques ont peu à peu fermé la route orientale des Indes. Les Européens, à la recherche de nouvelles voies maritimes pour se procurer de l'or et des épices, découvrent un nouveau continent : l'Amérique.

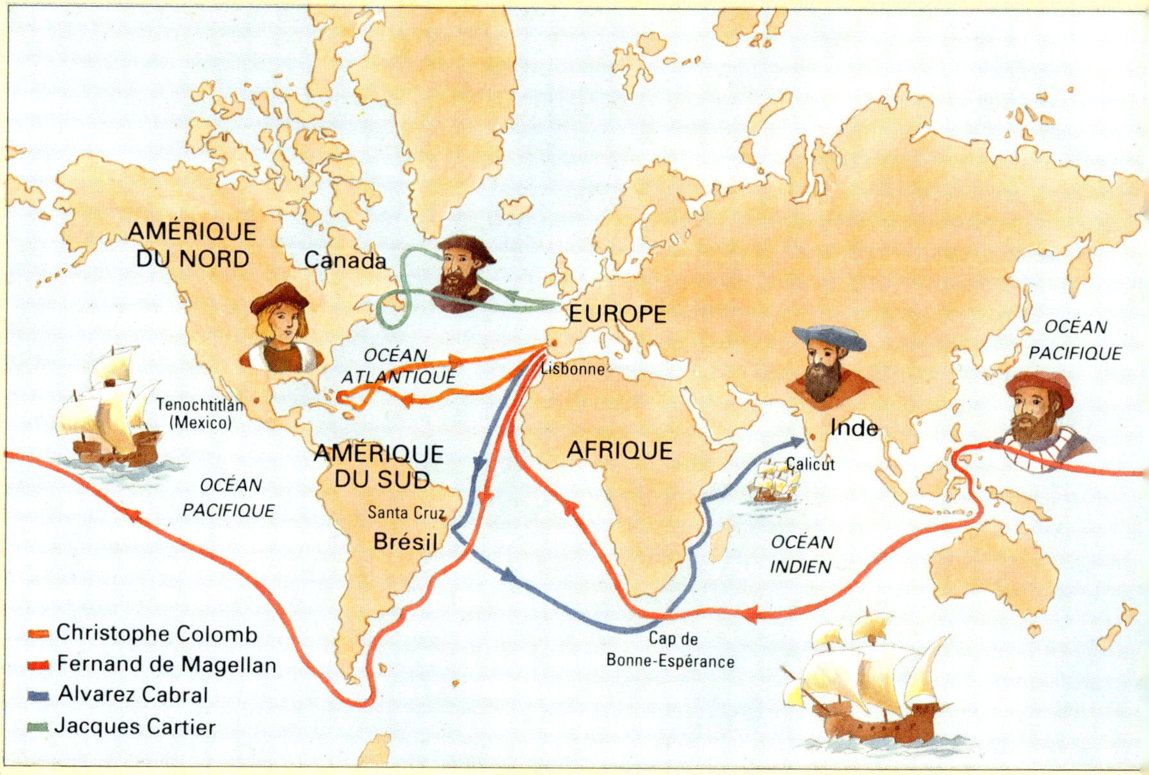

Christophe Colomb

Christophe Colomb est né à Gênes en 1451. Dès l'âge de quatorze ans, il se familiarise avec la mer en pratiquant le commerce pour le compte de marchands génois. Au service du roi d'Espagne, il entreprend, en 1492, une expédition qui doit lui permettre de rejoindre l'Asie par l'ouest. Le 12 octobre 1492, croyant toucher la côte indienne, il débarque aux Bahamas, un archipel de la côte américaine. Christophe Colomb fera trois autres voyages semblables sans savoir qu'il a découvert un nouveau continent.

Au XVIe siècle, les Européens découvrent les Indiens d'Amérique.

Amerigo Vespucci - Alvarez Cabral
En 1500, un Florentin, Amerigo Vespucci, conduit une expédition vers l'ouest et explore une côte qu'il baptise Venezuela (la petite Venise). Il donnera son prénom *(Amerigo)* au continent découvert *(Amérique)*. La même année, le Portugais Alvarez Cabral, naviguant vers l'Inde, atteint la côte brésilienne.

Le grand voyage de Magellan
Le Portugais Magellan reprend l'idée de Colomb d'atteindre l'Inde par l'ouest, en contournant cette fois le nouveau continent découvert. Il quitte Séville le 10 août 1519, avec cinq navires et 265 hommes. Il contourne l'Amérique du Sud et découvre, en octobre 1520, l'océan Pacifique. L'expédition atteint les Indes en janvier 1521. En avril, Magellan est tué aux Philippines par des indigènes. En 1522, un seul navire avec dix-huit marins revient en Espagne. Le premier tour du monde est réalisé, prouvant que la Terre est ronde.

Jacques Cartier
En 1534, le Français Jacques Cartier pénètre dans l'estuaire du fleuve Saint-Laurent et débarque au Canada. Il prend possession du territoire au nom du roi de France.

Les conquistadores
Attirés par la gloire et la richesse, des nobles sans fortune et des aventuriers espagnols se lancent à l'assaut des Empires aztèque et inca. Pillages, massacres et destructions accompagnent la chute de ces empires.

Statuette aztèque

Cortès
En 1521, ce noble espagnol soumet l'Empire aztèque qui prend le nom de Nouvelle-Espagne. Les armes à feu de ses 400 hommes ont effrayé les Indiens.

Pépite d'or

Pizarre et Almagro
En 1532, ces deux aventuriers anéantissent l'Empire inca. Les territoires soumis prennent le nom de Nouvelle-Castille.

Les grands empires coloniaux

Le Nouveau Monde livré au pillage

En plus des trésors fabuleux (or, pierres précieuses, ornements sacrés) saisis par les conquistadores, le Nouveau Monde livre à l'Occident ses richesses minières. Les mines d'or du Mexique et celles d'argent du Pérou sont exploitées de façon intensive. D'énormes quantités de métaux précieux (266 tonnes d'argent en 1560) sont transportées vers l'Europe.

Le christianisme imposé
La conversion des Indiens au christianisme est l'œuvre de moines missionnaires. D'abord violente : destruction des statues, des dieux, des temples, des manuscrits, elle se transforme progressivement et ne donne plus lieu à des actes brutaux. Certains franciscains gagnent même l'affection des Indiens.

Les Indiens réduits au travail forcé
Pour satisfaire le besoin de richesse des colons venus d'Espagne, la main-d'œuvre indienne est durement exploitée. Dans les mines, le travail épuisant et malsain entraîne une mortalité importante. La répression des révoltes, les mauvais traitements et les épidémies accentuent les ravages. En un siècle, la population indienne passe de 100 millions d'individus à 30 millions. Pour pallier le manque de main-d'œuvre, les colons font appel à des esclaves amenés d'Afrique. C'est le début de la *traite des Noirs*.

Les galions espagnols reviennent du Nouveau Monde chargés d'or.

L'installation des Européens

Portugais et Espagnols veulent se faire reconnaître la possession des terres découvertes ; ils se partagent le monde. Les Portugais installent des comptoirs – des ports de commerce – sur les côtes de l'Afrique, de l'Inde, de la Chine et du Japon. En Amérique, ils s'installent au Brésil, où ils font travailler de nombreux esclaves africains. Les Espagnols organisent un solide empire sur le sol américain. Deux vice-rois dirigent l'administration coloniale à Mexico et à Lima. Les Français s'installent au Québec, les Anglais sur la côte est de l'Amérique du Nord.

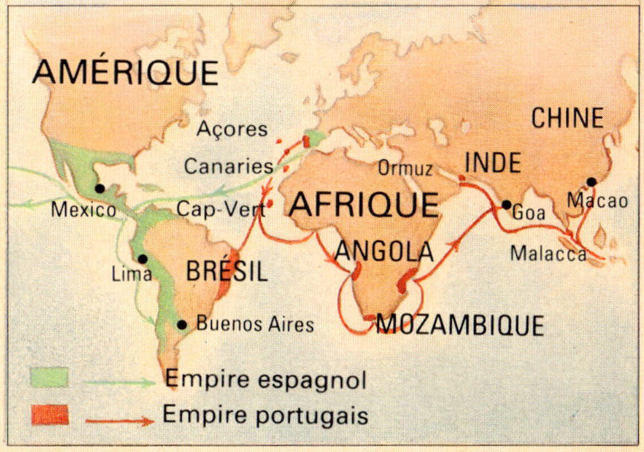

L'enrichissement de l'Europe au XVIe siècle

Les fabuleuses richesses qui affluent du Nouveau Monde contribuent au développement de l'économie européenne. L'Espagne vit son siècle d'or. Les ports européens tournés vers l'ouest, comme Séville, Lisbonne, Amsterdam, Londres et surtout Anvers, s'enrichissent rapidement. On assiste à la naissance du *capitalisme*. Mais si les marchands et les bourgeois prospèrent, les ouvriers et les artisans souffrent, eux, de la hausse des prix.

À cette époque, le luxe s'affiche ; les bijoux et les costumes sont fastueux.

L'or et l'argent qui affluent du Nouveau Monde enrichissent nombre d'Espagnols.

Les nouveaux savoirs

La révolution de l'imprimé

Jusqu'au XVe siècle, les livres étaient écrits à la main sur du parchemin et coûtaient très cher. Vers 1450, l'Allemand Gutenberg imagine un procédé permettant de reproduire un grand nombre de fois un texte ou une gravure. Il met au point l'emploi de caractères de métal et l'utilisation de la presse à vis.

Caractère mobile gravé en relief

À la fin du XVe siècle, toutes les grandes villes européennes ont leurs imprimeries. On en compte plus de cinquante à Lyon. Dans un même temps, la fabrication du papier se développe. Peu à peu, le livre imprimé devient accessible à tous ceux qui savent lire.

Léonard de Vinci

Savants, ingénieurs et érudits

Aux XVe et XVIe siècles, un puissant élan intellectuel s'étend à toute l'Europe. Des savants remettent en question les idées et les croyances traditionnelles.

Copernic ose affirmer que la Terre n'est pas le centre de l'Univers et qu'elle tourne autour du Soleil. Galilée le confirme, en observant le ciel avec sa nouvelle lunette astronomique. Il est condamné par l'Église.

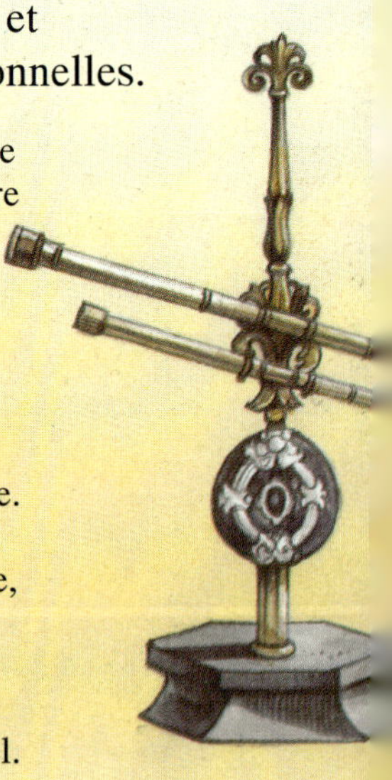

Léonard de Vinci, peintre, sculpteur, architecte, ingénieur et astronome, est le type même du savant au savoir universel.

La critique de la tradition

Le mouvement intellectuel qui se produit en Europe aux XVᵉ et XVIᵉ siècles rompt avec la tradition médiévale, fondée sur la science religieuse. On reprend l'étude des textes de l'Antiquité qui accordent plus de place aux sciences de l'homme et portent en eux un savoir que l'on veut redécouvrir. On réapprend le latin classique, le grec et l'hébreu pour lire directement ces textes sans passer par les traductions, souvent erronées.

L'homme au centre de l'Univers
Ce dessin de Léonard de Vinci montre l'utilisation des mathématiques dans la représentation des proportions parfaites du corps humain.

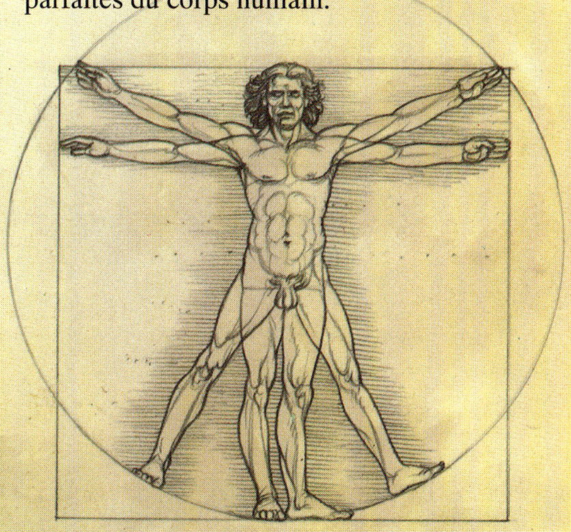

Des érudits, tels Pic de La Mirandole, Machiavel et surtout Érasme, cherchent à élever l'esprit humain et engagent au désir d'apprendre.

Érasme

L'humanisme

Cet élan intellectuel se caractérise par le souci de placer l'homme au centre de l'Univers et de le considérer capable de comprendre les secrets de la nature. Ce mouvement prend naissance en Italie avec Dante, Pétrarque et Boccace.
En France, les frères Estienne et Budé sont des humanistes célèbres. L'illustre Hollandais Érasme devient le maître à penser de l'Europe. La pensée humaniste connaît une large diffusion grâce à l'imprimerie.

La Renaissance

Le renouveau artistique qui s'affirme en Italie dès le XVe siècle coïncide avec une importante reprise économique liée aux grandes découvertes. Ce renouveau va gagner successivement les autres pays européens.

De véritables palais

La renaissance des arts se manifeste essentiellement dans l'architecture, la sculpture et la peinture. Abandonnant leurs châteaux forts, les rois et les grands seigneurs se font construire de magnifiques demeures richement décorées. En France, les châteaux de la Loire en sont une splendide illustration. Les églises elles-mêmes bénéficient de ce renouveau. À Rome, les papes entreprennent la reconstruction de la basilique Saint-Pierre et du palais du Vatican. Ils font édifier et décorer la chapelle Sixtine. Venise, Florence, Naples, resplendissent de chefs-d'œuvre.

Le château de Chambord, construit à partir de 1519, est le plus grand château de la Loire.

Le château de Chenonceaux est bâti sur le Cher entre 1515 et 1580.

La basilique Saint-Pierre de Rome est reconstruite au XVIe siècle d'après les plans de Bramante, Michel-Ange, Maderno.

La villa Médicis, à Rome, est construite au milieu du XVIe siècle.

Fresques du plafond de la chapelle Sixtine peintes par Michel-Ange

Les artistes italiens et l'Europe
Au XVIe siècle, la renommée des artistes italiens dépasse les frontières. Beaucoup sont invités par les princes des cours d'Europe. Ils marquent ainsi de leur influence les Renaissances espagnole, flamande, anglaise et allemande.
En France, le roi François Ier accueille à sa cour les peintres Léonard de Vinci, Benvenuto Cellini et le Primatice.

L'imitation de l'Antiquité

L'art nouveau a un caractère profondément humain et s'écarte en cela de l'art sacré qui a dominé le Moyen Âge. Comme les humanistes, les artistes se passionnent pour l'Antiquité. L'influence de l'art grec et romain est forte. L'étude et la représentation du corps humain tiennent ainsi une place importante. Mais beaucoup d'artistes ne se contentent plus d'imiter les œuvres anciennes ; ils créent selon leur génie et peignent de nouveaux sujets (paysages, scènes villageoises...).

L'âge d'or de la peinture

Aux XVe et XVIe siècles, on modifie la façon de peindre. On ne peint plus seulement sur les murs, mais aussi sur des panneaux de bois et des toiles. Les tableaux deviennent ainsi transportables. La peinture à l'huile remplace la peinture à l'eau, ce qui améliore le travail de la couleur. On utilise également les lois de la perspective. Chaque pays d'Europe compte des artistes prestigieux : Raphaël, Titien, le Tintoret, Véronèse, Léonard de Vinci, en Italie ; le Greco, en Espagne ; Van Eyck, Bruegel, aux Pays-Bas ; Jean et François Clouet, en France...

Léonard de Vinci peignant *la Joconde*

La Réforme

Le commerce des indulgences

Une religion souvent superficielle
À la fin du Moyen Âge, les hommes redoutent plus que jamais le diable et l'enfer. Mais, à cette époque, l'Église commet de nombreux abus. Le pape, les évêques et les abbés vivent comme de grands seigneurs et songent plus à s'enrichir qu'à transmettre le message du Christ. Il arrive même que, ayant besoin d'argent, ils vendent des *indulgences* permettant aux fidèles de racheter leurs péchés. Seul le « bas-clergé » vit pauvrement. Beaucoup de chrétiens souhaitent une réforme de l'Église.

Luther
En 1517, un moine allemand, Martin Luther, condamne la vente des indulgences organisée par le pape Léon X. Refusant de renoncer à ses idées, il est excommunié. Il propose alors une forme rénovée du christianisme, plus proche de la Bible, qui est traduite en allemand et largement diffusée. Un nouveau culte, le *protestantisme,* est organisé. Sous la conduite de pasteurs, les protestants écoutent et méditent les textes sacrés dans des temples dépouillés de toute richesse.

Calvin

En France, un prêtre humaniste, Jean Calvin, reprend les idées de Luther et les développe. Mais sa conversion publique aux thèses luthériennes l'oblige à fuir la capitale en 1533. Il se réfugie alors à Genève. Malgré cet exil, le pouvoir royal ne peut empêcher, en France, l'organisation d'une Église protestante, qui sera fortement influencée par le *calvinisme.*

Le 31 octobre 1517, Luther placarde sur la porte de l'église de Wittenberg ses 95 thèses contre les indulgences.

La démolition d'une église
par des protestants

La division de l'Europe chrétienne

En quelques années, les succès de Luther puis de Calvin divisent l'Europe chrétienne. L'Allemagne, la Hollande, l'Angleterre et toute l'Europe du Nord glissent du côté protestant. L'Europe du Sud reste catholique. Partout, l'affrontement entre catholiques et protestants prend un tour très violent : massacres et persécutions se multiplient.

La réforme catholique

En 1545, une assemblée d'évêques, un *concile*, se réunit à Trente, dans le Tyrol. Cette assemblée, dont les travaux durent jusqu'en 1563, réorganise l'Église. Elle met fin aux abus et restaure la discipline. Les prêtres sont désormais formés dans des établissements spéciaux, les *séminaires*, et doivent respecter le célibat. Dans le même temps, l'Église catholique combat les protestants. Un ordre combattant, la Compagnie de Jésus, est organisé comme une véritable armée au service du pape.

Les guerres de religion

En Allemagne, la guerre des Paysans
Le peuple admire Luther, qui, tenant tête à l'Église, a proclamé l'égalité des chrétiens devant Dieu. Les paysans voient dans la Réforme le moyen de se libérer de la tutelle des seigneurs. Ils se soulèvent en 1524. Ils réclament l'abolition du servage et des corvées, la suppression des dîmes et le droit d'élire leurs pasteurs. Cette *jacquerie* va gagner les villes. Des églises sont pillées, des châteaux brûlés, des seigneurs massacrés. Luther prêche la modération, mais il n'est pas entendu. Effrayé par l'ampleur de la révolte, il appelle les nobles à la répression. Elle fera cent mille morts.

En Angleterre, anglicans contre catholiques
En 1533, le pape condamne le divorce du roi d'Angleterre Henri VIII et l'excommunie. Le roi réplique en prenant le titre de chef suprême de l'Église d'Angleterre. C'est la rupture avec Rome. À partir de 1547, une nouvelle religion va naître, influencée par le calvinisme : *l'anglicanisme*. Sous le règne de Marie Tudor, le retour au catholicisme provoque des révoltes et de nombreux massacres. En 1569, la doctrine de l'Église anglicane est fixée. Elle affirme son indépendance par rapport au pape.

La nuit de la Saint-Barthélemy

En France, catholiques contre protestants

À partir de 1562, le roi, catholique, et de grands seigneurs fidèles à l'Église s'opposent violemment aux nobles protestants, très puissants, surtout dans le sud du pays. Le 24 août 1572, dans la nuit de la *Saint-Barthélemy*, un terrible massacre, ordonné par le roi Charles IX, fait des milliers de morts protestants, à Paris et en province. En 1589, le protestant Henri de Navarre, le futur Henri IV, est l'héritier du trône de France. Il se convertit au catholicisme et, par l'*édit de Nantes* (1598), rétablit la paix intérieure en accordant la liberté religieuse aux protestants.

La guerre de Trente Ans

Cette guerre, menée par des armées de *mercenaires*, des soldats se louant au plus offrant, fut l'une des plus meurtrières que l'Europe ait connue.

Elle débute en 1618 dans le Saint-Empire romain germanique. Elle oppose alors l'empereur Ferdinand II de Habsbourg, qui mène la reconquête catholique, aux princes protestants allemands. Elle devient ensuite européenne, compte tenu des ambitions dominatrices de l'empereur. En 1648, la France, la Suède et le Danemark obligent celui-ci à conclure la paix. Les traités de Westphalie limitent le pouvoir impérial et accordent la liberté religieuse à l'Allemagne.

Une innovation technique :
le canon suédois en cuir très léger

La monarchie absolue en France

Depuis la fin du Moyen Âge, et principalement sous les règnes de Louis XI, François Ier, Henri IV et Louis XIII, le pouvoir des rois se renforce. À partir de 1661, Louis XIV gouverne en maître absolu.

Un début de règne agité

Le roi Louis XIV n'a que cinq ans lorsque son père meurt en 1643. Sa mère, Anne d'Autriche, et son ministre, Mazarin, gouvernent à sa place. Mazarin veut renforcer l'autorité royale, mais les grands seigneurs s'y opposent et soulèvent le peuple. C'est le début de la *Fronde*. Après quatre années de guerre civile, entre 1648 et 1652, Mazarin rétablit l'ordre dans une France épuisée.

Une administration très centralisée

Louis XIV se consacre huit heures par jour à son « métier de roi ». Il décide tout : « L'État, c'est moi », affirme-t-il. Il s'entoure de ministres qui participent aux décisions et font exécuter ses ordres. Parmi eux, Colbert contrôle les finances, crée des manufactures d'État, favorise le commerce et organise une puissante marine ; Louvois s'occupe de l'armée et Vauban construit des fortifications aux frontières. À la tête des provinces, le roi nomme des intendants tout-puissants.

Louis XIV choisit comme emblème le Soleil, afin de montrer qu'il est supérieur à tous.

Un pouvoir absolu

Les nobles, ayant perdu toute influence politique, ne sont plus que des courtisans. Représentant de Dieu sur la terre, le roi doit être obéi et vénéré. Toute la vie de la cour est organisée autour de sa personnalité. Chaque acte de sa vie est une véritable cérémonie : *l'étiquette*.

Le roi, protecteur des artistes
De nombreux artistes, écrivains et savants sont au service du roi. Ils reçoivent cadeaux et pensions. Les grands écrivains, tels Boileau ou La Fontaine, font partie de l'Académie française installée au Louvre. Le roi aime le théâtre ; Corneille et Racine ont un grand succès. Molière est l'auteur le plus joué à la cour. Les ballets et la musique de Lully sont également très appréciés de Louis XIV.

Versailles
À partir de 1661, Louis XIV fait édifier à Versailles, près de Paris, un magnifique palais. Il y vivra entouré de sa cour, qui compte près de 10 000 personnes. La construction est confiée à Le Vau, le dessin des jardins à Le Nôtre, le décor au peintre Le Brun. Il faudra trente et un ans de travail et 30 000 ouvriers pour achever cette œuvre gigantesque.

La lutte contre les protestants

Pour rétablir l'unité religieuse dans le royaume, le roi révoque l'*édit de Nantes* en 1685. Le protestantisme est interdit et les pasteurs sont condamnés aux galères. Plus de 150 000 protestants quittent la France. En 1702, les protestants des Cévennes, les *camisards*, se soulèvent. Il faudra huit ans de guerre pour les soumettre.

Le roi et la guerre

Les guerres occupent une grande partie du règne. Au début, elles sont victorieuses. Mais, devant les ambitions du roi, les pays européens s'unissent. Les guerres deviennent longues et coûteuses. Elles épuisent le pays. La misère est grande chez les paysans, qui doivent payer des impôts de plus en plus lourds.

La révolution anglaise

La guerre civile et l'exécution du roi
Charles Ier veut faire de l'Angleterre une monarchie absolue. En 1640, le Parlement refuse les nouveaux impôts et soulève le peuple contre le roi : c'est la guerre civile. Le conflit oppose les *Cavaliers*, partisans du roi, aux *Têtes rondes*, les partisans du Parlement, qui portent les cheveux coupés court. Cromwell est vainqueur de l'armée royale à Naseby. Le roi, fait prisonnier, est jugé et exécuté en 1649.

L'actuel Parlement de Londres, où se trouvent réunies la Chambre des communes et la Chambre des lords, date du XIXe siècle. De style néo-gothique, il a été érigé sur l'emplacement du palais de Westminster, incendié en 1834. Ce palais abritait déjà le Parlement britannique, qui joua un rôle fondamental pendant la révolution anglaise et, plus généralement, tout au long de l'histoire du pays.

Cromwell

La république et la dictature

Après l'exécution du roi, le Parlement proclame la république. Quatre ans plus tard, Cromwell dissout le Parlement et prend le titre de *lord-protecteur de la République*. Il gouverne en véritable dictateur. Il fait régner l'ordre moral par la peur. Les cabarets et les théâtres sont fermés. Les fêtes sont bannies. L'Irlande catholique est durement réprimée. Tous ceux qui s'opposent à Cromwell sont exclus ou exécutés.

Le retour du roi

À la mort de Cromwell, en 1658, les Anglais, lassés de la dictature, se tournent vers Charles II, le fils du roi décapité. Celui-ci veut gouverner comme Louis XIV, dont il reçoit de l'argent et auquel il a secrètement promis de restaurer le catholicisme. Très vite, un conflit naît avec le Parlement. Deux partis s'opposent : les *tories,* qui sont favorables à la toute-puissance du roi, et les *whigs,* qui souhaitent la contrôler.

Monarchie modérée et tolérance

En 1679, les whigs obtiennent le vote de l'*Habeas corpus*, loi qui garantit la liberté individuelle et protège contre les détentions arbitraires. En 1689, par la *Déclaration des droits*, les souverains acceptent la limitation de leur pouvoir. Désormais, tout gouvernement devra être soutenu par une majorité au Parlement. Quelques mois plus tard, une loi de tolérance autorise la liberté religieuse. Dès lors, l'Angleterre va connaître une ère de prospérité économique.

La prospérité des Provinces-Unies

En 1579, sept provinces du nord des Pays-Bas s'unissent et arrachent leur indépendance à l'Espagne. Elles prennent le nom de Provinces-Unies. Aux XVIIe et XVIIIe siècles, la république des Provinces-Unies, dont la Hollande est la province la plus dynamique, prend place parmi les grandes puissances.

Une grande puissance maritime
D'énormes digues protègent le pays situé au-dessous du niveau de la mer. La pêche développe très tôt un commerce actif. Les habitants sont d'excellents marins qui sillonnent toutes les mers. Leur importante flotte se spécialise dans le transport des marchandises, notamment du blé sur la Baltique. Au XVIIe siècle, leurs chantiers navals font l'admiration de tous par leur modernité. À cette époque, la flotte hollandaise compte 16 000 navires, plus que les flottes françaises et anglaises réunies.

D'habiles commerçants
Au début du XVIIe siècle, les marchands d'Amsterdam lancent leurs navires sur la route des Indes. Ils fondent la *Compagnie Unie des Indes orientales* et celle des *Indes occidentales*, et contrôlent le commerce vers l'Asie et l'Amérique. En Amérique du Nord, ils fondent la colonie de la Nouvelle-Amsterdam, qui deviendra New York. Le pays connaît une grande prospérité, des capitaux importants circulent, des banques se créent, dont la plus célèbre, la banque d'Amsterdam, connaît un succès éclatant.

Liberté politique et religieuse
Le XVIIe siècle est le grand siècle des Provinces-Unies. L'enrichissement du pays, sa bonne administration par Jean de Witt, le développement de l'instruction élémentaire, l'intérêt pour les sciences marquent cette période d'un grand éclat. Terre de tolérance, les religions et les différentes formes du culte protestant s'y côtoient sans violence. Les Provinces-Unies sont une des seules régions du monde où les juifs vivent en sécurité.

La guerre contre le puissant Roi Soleil
Les Provinces-Unies, petite république marchande de 2 millions d'habitants, riche, libérale et tolérante, suscitent beaucoup de jalousie dans une Europe monarchique, fanatique, en proie à des difficultés économiques. En 1672, Louis XIV soumet les Provinces et s'emploie à restaurer le catholicisme. Le républicain Jean de Witt, rendu responsable de la défaite, est assassiné. Les Provinces-Unies concluent alors une alliance avec l'Angleterre, s'opposant ainsi aux ambitions françaises. Le grand siècle des Provinces-Unies s'achève.

Les philosophes

L'esprit nouveau du XVIIIe siècle

Au cours du règne de Louis XV, des écrivains et savants français, que l'on appelle les *philosophes*, répandent des idées nouvelles parmi la noblesse et la riche bourgeoisie. Ils critiquent le pouvoir absolu du roi et contestent son droit divin. Selon eux, les principes de *justice*, de *tolérance* et de *liberté* doivent s'appliquer à tous les hommes. Ce mouvement des philosophes va, durant ce « siècle des lumières », ébranler la monarchie et préparer la Révolution.

Les philosophes se réunissent souvent dans les cafés. Dans ces lieux publics, on retrouve des amis, on commente les gazettes et l'on consomme une nouvelle boisson : le café.

Un chef de file :
Montesquieu (1689-1755)
Bien que noble de naissance, le baron de Montesquieu se veut indépendant vis-à-vis du souverain. Il manifeste cette volonté dans les *Lettres persanes*, où il critique le pouvoir royal et l'Église. Il expose ses idées sur la liberté, la justice, l'esclavage et la tolérance. Dans *l'Esprit des lois*, il fait l'analyse des différents régimes politiques. Il célèbre les bienfaits de la monarchie parlementaire anglaise et le principe de la séparation des pouvoirs législatif, exécutif et judiciaire.

L'encyclopédie :
Diderot (1713-1784)
Ce fils d'artisan destiné à la vie de prêtre se lance dans le combat philosophique. Sous son impulsion et celle de d'Alembert, les philosophes et savants de l'époque entreprennent, en 1746, la rédaction de l'*Encyclopédie*. Les trente-cinq volumes de cette œuvre contiennent la somme de toutes les connaissances humaines et les pensées des philosophes sur la religion, les mœurs et les institutions. Les encyclopédistes sont partisans d'une monarchie limitée. Certains parlent déjà de révolution.

Le combat philosophique :
Voltaire (1694-1778)
François Marie Arouet, dit Voltaire, exerce une grande influence sur la vie intellectuelle de son temps. Il émet des opinions qui lui valent l'emprisonnement et l'exil. C'est un ardent défenseur des principes de tolérance, de justice et de liberté. En 1765, après trois ans de lutte, il obtient la réhabilitation du protestant Jean Calas, accusé sans preuve du meurtre de son fils et exécuté. Voltaire exprime aussi ses idées dans des contes, tels *Zadig*, *Micromégas* ou *Candide*.

Le philosophe et l'état de nature :
Rousseau (1712-1778)
Né à Genève d'une famille française protestante, Jean-Jacques Rousseau combat pour la vertu, l'égalité et la souveraineté populaire (autorité suprême du peuple), critiquant violemment le pouvoir absolu. Dans ses principales œuvres, *Julie ou la Nouvelle Héloïse*, l'*Émile*, le *Contrat social*, il montre la supériorité de « l'état de nature », dans lequel l'homme trouve son bonheur, sur la civilisation, fondée sur la propriété, qui corrompt et dégrade le cœur de l'homme.

Les grands maîtres de l'Europe

Dans la seconde moitié du XVIIIe siècle, des souverains européens, se réclamant de la « philosophie des lumières », s'efforcent de mieux organiser leurs États et d'améliorer le sort de leurs peuples. Mais, en réalité, ils conçoivent et imposent ces réformes sans consulter leurs sujets, cherchant toujours à conserver le pouvoir absolu.

La Russie de Pierre Ier le Grand
Sous le règne de Pierre Ier le Grand (1682-1725), la Russie sort du Moyen Âge. Elle devient une nation moderne et puissante dans laquelle pénètrent les idées occidentales. Les coutumes orientales sont transformées ; on s'habille différemment ; les femmes participent à la vie publique ; l'administration est remaniée ; des écoles, des académies des sciences, des théâtres sont ouverts... Mais la noblesse garde ses privilèges et le tsar dirige le pays de manière autoritaire.

Catherine II de Russie
En 1762, la Grande Catherine reprend l'œuvre de Pierre le Grand. Pour paraître une souveraine « éclairée », elle reçoit à sa cour les philosophes français, Voltaire et Diderot. Elle réorganise l'administration des provinces, améliore la justice, crée des manufactures. Mais elle s'appuie sur les nobles et écrase dans le sang une grande révolte paysanne. Les paysans, soumis à un servage plus rude et à des corvées plus lourdes, perdent toute liberté.

Pierre Ier le Grand fait bâtir de toutes pièces une nouvelle capitale tournée vers l'Europe, Saint-Pétersbourg.

La Prusse de Frédéric II

Frédéric II devient roi en 1740. Solitaire, dur, il gouverne de façon absolue, considérant ses ministres comme de simples exécutants. Il modernise l'agriculture et développe l'industrie. Il réforme la justice, abolit la torture et pratique la tolérance religieuse. Soucieux d'agrandir son territoire, il entretient la meilleure armée d'Europe. À sa mort, la Prusse a presque doublé sa superficie (de 120 000 km^2 à 200 000 km^2) et triplé sa population (de 2 à 6 millions d'habitants), mais tout le pouvoir repose sur le roi et la noblesse.

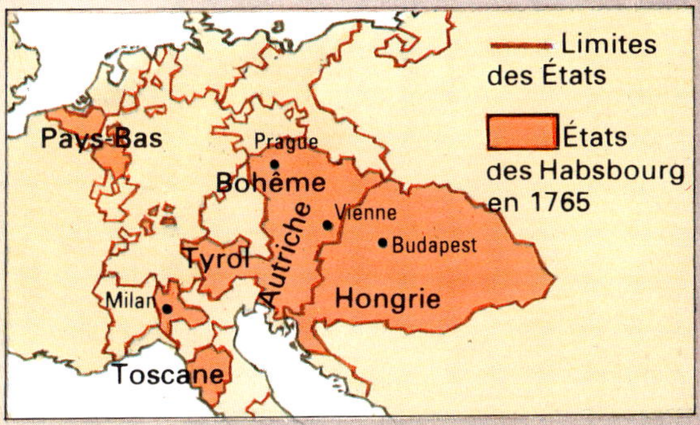

L'Autriche sous Joseph II

Les États des Habsbourg sont très divers, par leur situation géographique, économique, sociale, ainsi que par leurs langues et leurs traditions. En 1780, l'empereur Joseph II, décidé à agir en « despote éclairé », entreprend de nombreuses réformes. Il veut tout diriger par lui-même. Dans un souci d'unification, il impose l'allemand et une même organisation administrative à tous les États. Il proclame l'égalité de tous devant la loi et, par l'édit de tolérance, instaure la liberté religieuse. Sa politique suscite de nombreuses résistances chez les nobles et le clergé. Il connaîtra une fin de règne difficile.

Soldats de l'armée prussienne

Joseph II force la noblesse à accepter l'abolition du servage.

Prospérité et progrès du commerce

Croissance des échanges et enrichissement des villes

Le développement des industries rurales – textile, draperie, métallurgie – entraîne de nombreux échanges intérieurs, auxquels s'ajoute la circulation des produits agricoles et des produits des manufactures. Les villes s'enrichissent, notamment celles où se concentrent de nombreuses industries. C'est le cas de Paris, de Lyon ou des ports de l'Atlantique, comme Nantes et Bordeaux.

Le recul des famines et des épidémies

Au XVIIIe siècle, l'agriculture fait de nouveaux progrès et l'élevage se développe, notamment aux Pays-Bas et en Angleterre. La production agricole augmente. À partir de 1750, les grandes famines disparaissent en Europe de l'Ouest. Mieux nourrie, la population résiste davantage à la maladie et les épidémies reculent. Les progrès de l'hygiène et de la médecine ralentissent également la mortalité. La population s'accroît. À cette époque, l'espérance de vie passe de trente-cinq ans à quarante ans.

La construction de routes plus larges et de meilleure qualité facilite la circulation des hommes et des marchandises.

En 1700, il faut 12 jours pour parcourir Paris-Marseille ; en 1765, il en faut 8 !

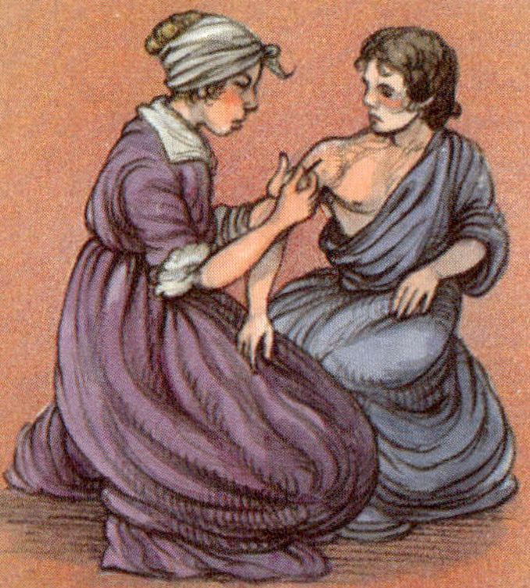

Le vaccin antivariolique date de 1796.

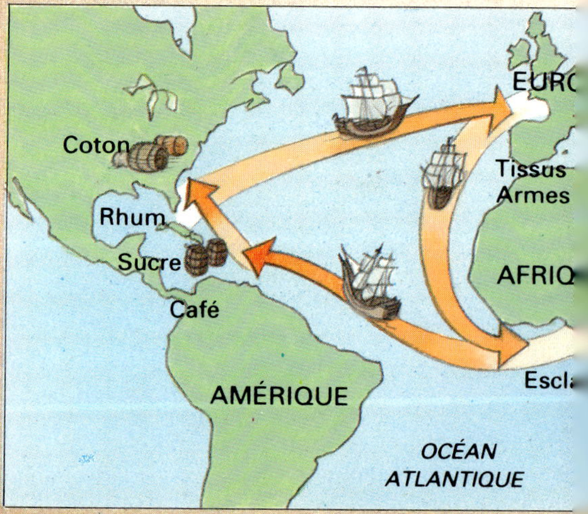

Pour les transports plus lents, on utilise les voies d'eau, fleuves, rivières et canaux.

L'essor du grand commerce maritime

Au XVIIIᵉ siècle, l'Atlantique présente un immense intérêt économique : c'est la grande voie du commerce maritime. Plusieurs facteurs contribuent à l'essor de ce grand commerce :

– les échanges ne cessent de croître entre les ports de l'Europe occidentale et les colonies espagnoles et portugaises ;

– l'exploitation des Antilles (Martinique, Guadeloupe, Saint-Domingue) est en pleine expansion. Une économie de plantations de canne à sucre, de coton et de café s'y développe ;

– le peuplement de l'Amérique du Nord s'accélère ;

– dans ces différents territoires, l'utilisation d'esclaves africains, comme main-d'œuvre bon marché, est une source de gros profits.

Les négriers emmènent les esclaves noirs en Amérique pour les vendre. 12 millions d'esclaves ont ainsi quitté l'Afrique.

Un nouveau navire après chaque voyage !

C'est le bénéfice que rapporte, aux XVIIᵉ et XVIIIᵉ siècles, le *commerce triangulaire* qui repose sur la *traite des Noirs*. Ces derniers, véritables marchandises humaines, sont transportés d'Afrique en Amérique où ils sont vendus comme esclaves par des trafiquants, ou *négriers*. Les bateaux reviennent ensuite en Europe chargés de produits tropicaux.

Les rivalités coloniales

Français et Anglais face à face
Au XVIIIe siècle, Français et Anglais rivalisent pour la maîtrise des mers et la conquête d'immenses empires coloniaux. Chacun cherche à s'assurer le contrôle du commerce atlantique. La lutte entre les deux puissances s'exerce principalement dans trois zones : la mer des Antilles, l'Amérique du Nord et la côte indienne.

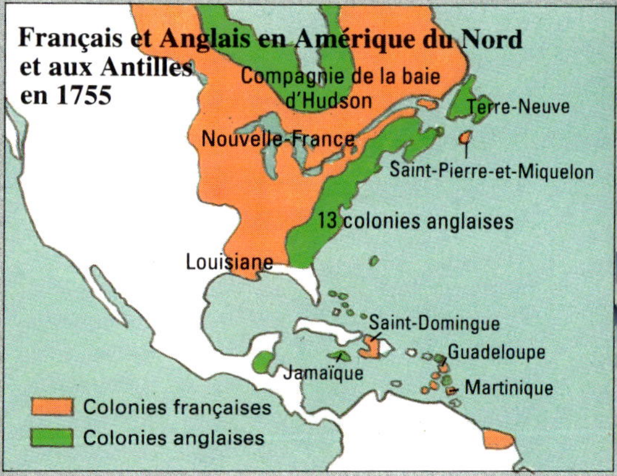

Flibustiers, nom donné aux pirates de la mer des Antilles

Les Antilles disputées
La concurrence entre Français et Anglais dans le commerce des produits tropicaux débouche sur un affrontement entre les deux puissances. En 1755, l'Angleterre ouvre les hostilités sur mer. De nombreuses batailles navales s'engagent au large des côtes antillaises, batailles auxquelles participent des *flibustiers*, aventuriers à la fois pirates et brigands. En 1759, la Guadeloupe, puis, en 1762, la Martinique tombent aux mains des Anglais. La France récupère cependant ses territoires au traité de Paris en 1763.

La lutte pour le Canada

Les colons anglais et français sont face à face. Opposés par la religion, ils sont concurrents dans le commerce des fourrures avec les Indiens. Chacun surveille l'expansion territoriale de son adversaire. La guerre éclate en 1755. Malgré la vaillante résistance du commandant français Montcalm, la Nouvelle-France tombe aux mains des Anglais.

Montcalm, aidé par des Indiens

L'affrontement en Asie

Français et Anglais rivalisent aussi en Inde, où ils ont installé des comptoirs avec lesquels le commerce est florissant. Dupleix, le gouverneur de la Compagnie française des Indes, essaie d'étendre les possessions françaises, mais le gouvernement ne soutient pas ses ambitions et les Anglais, inquiets, livrent bataille. En 1761, l'armée française, assiégée dans Pondichéry, capitule. La France perd ses comptoirs. Elle n'en récupérera que cinq au traité de Paris en 1763. Et c'est finalement l'Angleterre qui, à partir de 1765, va étendre sa domination à l'ensemble du territoire indien. Ainsi, à la fin du XVIIIe siècle, les Anglais possèdent le plus grand empire colonial du monde.

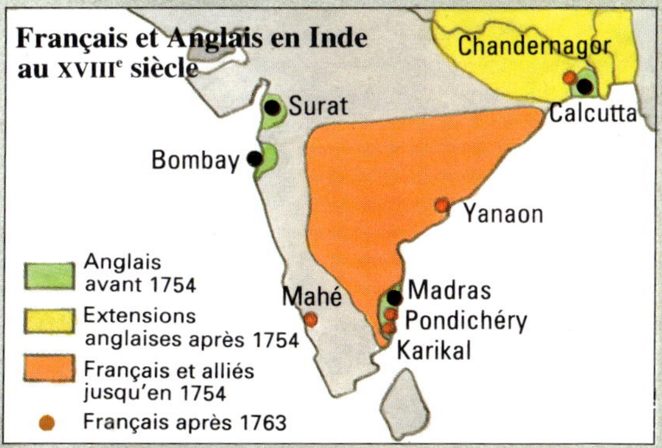

L'Europe au XVIIIe siècle

Le château de Versailles, chef-d'œuvre de l'art classique, est imité dans toute l'Europe. Ainsi, le château de Schönbrunn, résidence d'été de la cour autrichienne, est reconstruit au XVIIIe siècle sur le modèle de Versailles. L'architecture classique est harmonieuse et majestueuse. La symétrie et la ligne droite dominent.

Le triomphe de la culture française

Au XVIIIe siècle, l'Europe vit à l'heure française. Le français est parlé dans toutes les cours européennes. Cette influence s'exerce dans le domaine de la littérature et de la philosophie, mais aussi dans celui de la peinture, de la sculpture et de l'architecture. Des artistes étrangers viennent à Paris s'initier aux règles du bon goût. Des artistes français sont appelés à travailler dans les cours étrangères.

L'église Saint-Nicolas, à Prague, est construite au début du XVIIIe siècle, dans un style baroque.

Partout l'on imite les modes de la haute société parisienne.

Les coiffures rococo atteignent des hauteurs invraisemblables !

La naissance de l'art baroque

L'art baroque est né en Italie au XVIIe siècle, après la Renaissance. C'est un art religieux lié à la Réforme catholique. Il est caractérisé par la recherche du mouvement, la surcharge décorative et la volonté d'étonner. La ligne courbe domine. Cet art est bien représenté en Espagne, en Allemagne, en Europe centrale, peu en France.

Représentation de *la Flûte enchantée*, opéra composé par Mozart en 1791

L'essor de la musique
La musique tient une large place dans la vie artistique du XVIIIe siècle. En France, Rameau écrit des *opéras*, c'est-à-dire des œuvres théâtrales, comédies ou tragédies, mises en musique. Il compose également des *opéras-ballets*, qui mêlent chants et danses. À la fin du siècle, le public est conquis par l'*opéra-comique* où alternent parties chantées et parlées. Vivaldi, en Italie, Haendel, Bach, Mozart, en Allemagne et en Autriche, fixent les règles de la musique classique.

Peintres du paysage et du portrait
La peinture subit l'influence du goût nouveau. Le charme de la nature, les scènes de la vie quotidienne et l'expression des sentiments inspirent les peintres français, tels Watteau, Boucher, Fragonard, Chardin et Greuze. L'art du portrait connaît son heure de gloire : portraits de rois ; portraits « mythologiques » ; portraits de célébrités ; portraits de femmes, d'enfants. Les peintres français Rigaud et Quentin de La Tour, l'Italien Giambattista Tiepolo, l'Anglais Hogarth ou encore l'Espagnol Goya sont les plus grands représentants de cet art.

La naissance de l'intimité
À la grandeur des palais, les bourgeois enrichis préfèrent la commodité, l'intimité et l'agrément des petits appartements. On recherche l'harmonie entre le cadre et les objets.

La révolution américaine

Les treize colonies anglaises d'Amérique
Entre 1607 et 1732, treize colonies anglaises sont fondées en Amérique du Nord. Ces territoires sont peuplés essentiellement de colons originaires des îles Britanniques : opposants religieux, paysans chassés par le manque de terres, aventuriers. Les colonies du Nord vivent surtout de l'agriculture, du commerce maritime et de l'artisanat. Celles du Sud, au climat plus chaud, emploient de nombreux esclaves noirs pour la culture du riz, du coton et surtout du tabac.

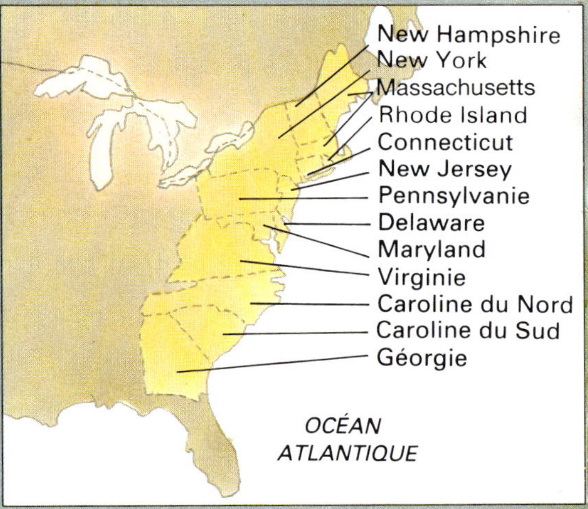

Londres impose sa domination
Ces colonies sont prospères, et Londres, qui a besoin d'argent, impose des taxes sur de nombreux produits : sucre, rhum, textile, café. Les Américains réagissent en refusant d'acheter des marchandises anglaises. En 1773, en signe de protestation, les habitants de Boston jettent à la mer la cargaison de thé de trois navires. Cet épisode marque la rupture avec l'Angleterre. La guerre d'indépendance éclate en 1775.

Des habitants de Boston, déguisés en Indiens, jettent les caisses de thé par-dessus bord.

Les habitants de Boston mécontents roulent dans le goudron et les plumes un employé des impôts.

La Déclaration d'indépendance
Face aux troupes anglaises, les treize colonies organisent une armée dont le commandement est confié à George Washington. Le 4 juillet 1776, à Philadelphie, les colonies, réunies en un Congrès continental, votent la *Déclaration d'indépendance* des États-Unis d'Amérique. Le texte, rédigé par Thomas Jefferson, s'inspire des grands principes défendus par les philosophes français.

L'aide de la France
Pour affronter les troupes anglaises, plus nombreuses et mieux entraînées, Washington recherche l'alliance d'une puissance étrangère. En 1778, la France, grande rivale de l'Angleterre sur la question coloniale, intervient aux côtés des « insurgents ». Une flotte de guerre, des troupes et de l'argent leur sont envoyés, alors que des volontaires français, tels le marquis de La Fayette, Ségur ou Lauzun, combattent déjà à leurs côtés.

La victoire et l'indépendance
En 1781, l'armée franco-américaine bloque les troupes anglaises à Yorktown. Après vingt jours de siège, les Anglais capitulent. Le traité de Versailles (1783) reconnaît l'indépendance des treize colonies américaines. La Constitution adoptée en 1787 crée une *république fédérale* qui partage le pouvoir entre un gouvernement central et les États. Un président, élu pour quatre ans, gouverne avec deux assemblées (le *Sénat* et la *Chambre des représentants*). Washington est le premier président élu des États-Unis (1789-1796).
La révolution américaine va avoir un grand retentissement en Europe et en Amérique du Sud.

Le premier drapeau américain date de 1777.

La France à la fin de l'Ancien Régime

L'année 1789 marque une rupture dans l'histoire de la France. Une rupture telle qu'on a pu appeler *Ancien Régime* tout ce qui s'est passé avant 1789.

Un pays prospère

La France de Louis XVI est un pays riche. L'agriculture se modernise et l'industrie se développe. Les villes s'enrichissent, principalement celles qui pratiquent le commerce avec les colonies. Les premières grandes fabriques apparaissent. Mais la puissance française c'est aussi une marine rénovée, une armée réorganisée et des alliances avec la plupart des États européens. En 1789, le territoire français est le plus peuplé d'Europe. Sur une superficie de 526 000 km² vivent près de 28 millions d'habitants.

La reine Marie-Antoinette et ses enfants

Le roi Louis XVI

La solidité apparente de la monarchie

Apparemment, le roi, sacré, investi de tous les pouvoirs, est toujours tout-puissant. Il est respecté et aimé de ses sujets, mais son autorité est en réalité bien faible. Malgré les revendications et les rancœurs de ceux qui ne profitent pas de la richesse du pays, on ne songe pas à remettre en question le pouvoir royal.

Une administration compliquée

Un grand nombre de divisions administratives : provinces, diocèses, gouvernements militaires, zones douanières... forment un enchevêtrement qui nuit à la bonne gestion du pays. Les impôts sont très inégalement répartis. Ils pèsent lourdement sur les moins fortunés et varient selon les régions. Certains impôts ne sont pas versés entièrement à l'État et enrichissent ceux qui les perçoivent. Ces pratiques entraînent le mécontentement, la fraude et le désordre.

À bas les impôts !

Les privilégiés
La société est divisée en trois *ordres*. Les deux premiers ordres, le *clergé* et la *noblesse*, un peu plus de 200 000 personnes, bénéficient de privilèges politiques, judiciaires et surtout financiers. Ils paient très peu d'impôts et tirent leur richesse des revenus des terres qu'ils possèdent. Les nobles propriétaires terriens perçoivent des *droits seigneuriaux* (en argent ou en nature), le clergé perçoit la *dîme* sur les récoltes (impôt en nature). Ils profitent également des largesses du roi à leur égard. Les plus hautes charges de l'État leur sont réservées.

Paysans, artisans et bourgeois
Le troisième ordre, le *tiers état*, regroupe le reste du peuple. Les paysans, 80 % de la population, ont une condition très variable, qui va du laboureur aisé à l'ouvrier agricole misérable. Tous subissent de lourdes charges (impôts royaux, droits seigneuriaux...) et sont les premières victimes des crises économiques. Le petit peuple des villes – artisans, boutiquiers, ouvriers et compagnons – a des conditions de vie modestes et revendique plus d'égalité. La bourgeoisie, qui vit de l'activité commerciale et industrielle, aspire aux privilèges de la noblesse.

Les trois ordres : la noblesse, le clergé et le tiers état

La Révolution française

La révolte des députés du Tiers État
Le 5 mai 1789, les États Généraux se réunissent à Versailles. Les députés du Tiers État espèrent de profondes réformes. Le roi, lui, n'attend que le vote de nouveaux impôts. Le 17 juin 1789, les députés du Tiers État, considérant qu'ils représentent 96 % de la nation, se proclament Assemblée nationale.
Le 20 juin, les membres de l'Assemblée, réunis dans une salle du Jeu de paume, jurent de ne pas se séparer avant d'avoir donné une constitution à la France.
L'Assemblée prend le nom de *constituante*.

La convocation des États Généraux
En 1788, une crise économique et le retour des mauvaises récoltes accroissent la misère et le mécontentement.
L'accumulation des dépenses publiques conduit l'État au bord de la faillite.
Le roi décide de réunir les États Généraux. Il souhaite faire accepter de nouveaux impôts.

Les cahiers de doléances
Au début de 1789, des députés représentant chacun des trois ordres sont élus. Des *cahiers de doléances* sont rédigés dans chaque village.
Les Français y dénoncent les privilèges de la noblesse et du clergé, et réclament l'égalité de tous devant l'impôt.
Les nobles et les riches bourgeois du Tiers État critiquent la monarchie absolue et souhaitent une constitution garantissant la liberté individuelle.

La Révolution à Paris

Le roi n'accepte pas de voir cette assemblée limiter son pouvoir et veut s'en débarrasser. Il fait venir des troupes autour de Paris. Le peuple se soulève et s'empare de la Bastille, le 14 juillet 1789. Le roi reconnaît alors l'Assemblée et semble accepter la Révolution.

L'abolition des privilèges

L'Assemblée vote, dans la nuit du 4 août 1789, l'abolition des privilèges et des droits seigneuriaux. Le régime féodal disparaît, mais les paysans doivent racheter ces droits aux seigneurs, en argent et en nature.

Le soulèvement des campagnes

Des nouvelles alarmantes, venues de Versailles et de Paris, atteignent les campagnes. Au lendemain du 14 juillet, les paysans craignent des réactions violentes des nobles : c'est la « *Grande Peur* ». Des villages entiers se soulèvent. On s'attaque aux châteaux et l'on détruit les registres où sont inscrits les droits seigneuriaux. Parfois, le château est brûlé et ses occupants massacrés.

Les droits de l'homme

Le 26 août 1789, l'Assemblée vote la Déclaration des droits de l'homme et du citoyen. Elle garantit solennellement à tous la liberté et l'égalité. Les ordres disparaissent : c'est la fin de l'Ancien Régime.

La prise de la Bastille
le 14 juillet 1789

Les réformes de la Constituante

Carte à jouer décorée avec
les symboles de la Révolution

Les réformes
L'Assemblée accomplit une œuvre de réorganisation importante. La France est divisée en quatre-vingt-trois *départements*, partagés eux-mêmes en *districts*, *cantons* et *communes*. Hormis les cantons, ces divisions administratives sont dirigées par des élus payés par l'État. Les impôts de l'Ancien Régime sont remplacés par des contributions que chacun paie en fonction de ses ressources. L'Assemblée confisque les biens de l'Église, qui deviennent biens nationaux. En contrepartie, elle assure le traitement des membres du clergé.

Le partage des pouvoirs
L'Assemblée constituante fonde un nouveau régime qui s'appuie sur les principes de la philosophie des lumières, exprimés dans la Déclaration des droits de l'homme et du citoyen. Le roi ne gouverne plus seul. L'Assemblée vote la loi, qui est désormais la même pour tous ; les juges sont élus ; le roi est chargé de faire exécuter la loi votée par les députés. Il détient également un droit de *veto*, mais celui-ci lui permet seulement de s'opposer à l'exécution d'une loi pendant un certain temps.

Bouton
de vêtement
portant les
symboles de
la Révolution

L'arrestation du roi
Louis XVI à Varennes

Le refus des nobles et du roi

Des transformations aussi importantes mécontentent beaucoup de gens : les nobles, d'abord, qui ont perdu leurs droits féodaux, et dont un certain nombre émigre ; le clergé, ensuite, qui a perdu ses dîmes et ses propriétés ; le roi, enfin, qui n'a jamais accepté la Révolution et qui ne songe qu'à une intervention armée des souverains étrangers.
Le 20 juin 1791, il essaie de s'enfuir vers l'Autriche. Rejoint à Varennes, il est ramené à Paris au milieu de l'hostilité populaire. Le roi perd alors la confiance du peuple.

Le droit à la parole

Au cours de cette période, la vie politique est intense et s'exprime dans les salons, les cafés, les théâtres et surtout les clubs, où l'on discute avec passion. Deux clubs se distinguent : celui des *Jacobins* et celui des *Cordeliers*.

Club des Jacobins
1 – Mirabeau
2 – Brissot
3 – Robespierre

Club des Cordeliers
4 – Danton
5 – Marat
6 – Desmoulins

La liberté de la presse entraîne la parution de très nombreux journaux. Certains sont révolutionnaires, comme *L'Ami du peuple* de Marat ou *Le Patriote* de Brissot, d'autres sont partisans de l'Ancien Régime, comme *L'Ami du roi*.

Aux armes, citoyens !

La guerre inévitable
À partir de 1792, la guerre devient inévitable. Souhaitée par le roi qui espère ruiner la Révolution et rétablir son autorité, elle l'est également par les révolutionnaires. Ces derniers pensent ainsi pouvoir démasquer les ennemis intérieurs de la Révolution et entreprendre dans les royaumes voisins une croisade pour la liberté. Le 20 avril 1792, la guerre est déclarée à l'Autriche. Seul, au club des Jacobins, Robespierre a tenté de s'y opposer.

L'arrestation du roi
Devant la situation militaire désespérée, le 11 juillet 1792, l'Assemblée déclare la « patrie en danger ». Les volontaires affluent pour défendre Paris. Lorsque le commandant des troupes prussiennes menace de détruire la capitale, le peuple se soulève. Le 10 août 1792, il attaque les Tuileries et emprisonne le roi, qu'il soupçonne d'être un allié de l'étranger. Du 2 au 6 septembre, un millier de « suspects » contre-révolutionnaires sont exécutés.
Le 20 septembre, la victoire française de Valmy arrête l'invasion et sauve la Révolution. Le 22, la République est proclamée. Une nouvelle assemblée, la *Convention*, est élue.

Montagnards et Girondins
Ces deux groupes s'opposent dans la nouvelle assemblée. Les *Montagnards*, soutenus par le peuple de Paris, demandent des mesures énergiques. Les *Girondins,* révolutionnaires eux aussi, sont plus modérés. Ils exercent le pouvoir aussi longtemps que les armées sont victorieuses. Lorsque viennent les défaites, une insurrection montagnarde les chasse de l'Assemblée.

Les *Sans-Culottes* sont les gens du peuple qui défendent la Révolution. Ils portent non pas la culotte des nobles mais le pantalon populaire.

L'invasion
En juillet 1792, Autrichiens et Prussiens franchissent la frontière. Les troupes françaises, mal commandées, reculent. Le territoire est envahi et Paris menacé. On parle de trahison et l'on soupçonne les *prêtres réfractaires*, ceux qui n'ont pas prêté serment de fidélité à la Constitution, de renseigner l'ennemi. On décide de les arrêter ; le roi oppose son veto.

Procès et exécution du roi

En janvier 1793, la Convention conduit le procès du roi. Louis XVI est reconnu coupable de trahison. Les députés votent la peine de mort à une courte majorité (387 voix contre 334). Cette exécution provoque contre la France la coalition de presque toute l'Europe.

La guerre civile et la Terreur

En 1793, les paysans vendéens refusent de servir l'armée révolutionnaire. Ils s'arment et, soutenus par les nobles et les prêtres réfractaires, se rendent maîtres des campagnes et des villes. Ils se heurtent à l'armée républicaine. Les troubles s'étendent à toute la France de l'Ouest. Pour sauver la Révolution, Robespierre instaure une terrible dictature, la *Terreur*. Les ennemis de la Révolution sont guillotinés. La Terreur fera plus de 40 000 morts en deux ans.

Le roi Louis XVI est guillotiné le 21 janvier 1793.

Le tournant de la Révolution

En juin 1794, les armées révolutionnaires remportent une victoire décisive à la bataille de Fleurus.

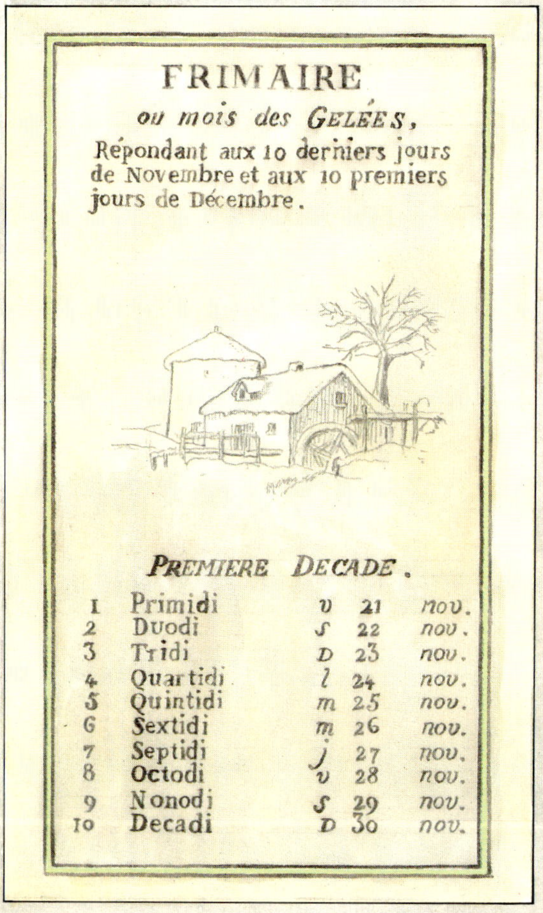

FRIMAIRE
ou mois des GELÉES,
Répondant aux 10 derniers jours de Novembre et aux 10 premiers jours de Décembre.

PREMIERE DECADE.

1	Primidi	v	21	nov.
2	Duodi	s	22	nov.
3	Tridi	D	23	nov.
4	Quartidi	l	24	nov.
5	Quintidi	m	25	nov.
6	Sextidi	m	26	nov.
7	Septidi	j	27	nov.
8	Octodi	v	28	nov.
9	Nonodi	s	29	nov.
10	Decadi	D	30	nov.

Le succès des armées révolutionnaires
Après l'exécution de Louis XVI, la France doit faire face à une coalition européenne : Angleterre, Allemagne, Hollande, Autriche, Prusse... En quelques mois, le territoire est envahi et des villes occupées. En août 1793, la Convention décrète la *levée en masse* de près de 600 000 hommes. À leur tête sont placés de jeunes généraux, tels Hoche, Jourdan, Kléber, Marceau, qui remplacent les chefs vaincus. Bien encadrés, ces soldats de l'an II vont briser les révoltes intérieures (insurrection girondine, rébellion royaliste), libérer les territoires occupés et sauver la République.

Un nouveau calendrier, dit calendrier républicain, est institué le 24 octobre 1793. Le *Ier vendémiaire an I*, début de ce nouveau calendrier, correspond au *22 septembre 1792*, date de la proclamation de la République.

La Marseillaise est créée en 1792 par Rouget de Lisle, sous le nom de *Chant de guerre pour l'armée du Rhin*.
Elle est adoptée par le bataillon des Marseillais, puis devient hymne national le 14 juillet 1795 (26 messidor an III).

La fin des violences révolutionnaires
Isolés dans la Convention, Robespierre et ses amis sont renversés le 9 thermidor an II (27 juillet 1794). Ils sont guillotinés le lendemain. Cet épisode met fin à la période la plus tragique de la Révolution : la Terreur. Les députés modérés, les *Thermidoriens*, remplacent le gouvernement révolutionnaire.
Mais le pays ne retrouve pas le calme. Le peuple s'agite encore, des bandes de royalistes ravagent le pays et tuent les partisans de la Révolution.
C'est ce que l'on a appelé la *Terreur blanche*.

Un gouvernement de modérés
Les Thermidoriens mènent une politique de détente. Ils libèrent les suspects des prisons, réduisent les pouvoirs du Comité de salut public, qui, d'avril à juillet 1794, a exercé une véritable dictature, ferment le Club des Jacobins, autorisent le retour d'émigrés et proclament la liberté de culte. Dans le domaine économique, ils suppriment « le maximum », loi interdisant la vente d'une marchandise au-dessus d'un prix donné. Le 22 août 1795, la Convention vote la *Constitution de l'an III*.

La menace de coups d'État
La Constitution de l'an III confie le pouvoir législatif à deux assemblées et le pouvoir exécutif à un *Directoire* de cinq membres, les *Directeurs*. L'entente entre ces derniers est la condition nécessaire au bon fonctionnement du système. Elle est de courte durée. Face aux difficultés économiques et à la menace des Jacobins et des royalistes, le régime bascule. Pour faire accepter ses décisions, il doit faire appel à l'armée, dont les généraux vainqueurs sont très populaires. À partir de 1797, le gouvernement apparaît de plus en plus fragile et incapable de résister aux menaces de coups d'État.

Sous le Directoire, les élégants sont appelés les *Incroyables* et les *Merveilleuses*.

Napoléon

« L'aigle impérial », emblème de l'empereur Napoléon

Napoléon, glorifié par le peintre David

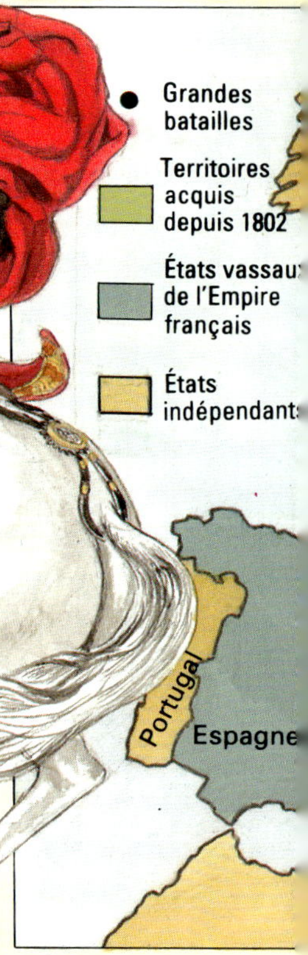

Général à 25 ans !
Napoléon Bonaparte est né à Ajaccio en 1769. Officier de l'armée républicaine, il se distingue au cours des guerres révolutionnaires. Entre 1796 et 1799, il remporte de brillantes victoires : tout d'abord en Italie, où il signe la paix avec l'Autriche ; puis en Égypte, où il mène une expédition anti-anglaise.

Le coup d'État du 18 brumaire
Bonaparte rentre en France auréolé de ses victoires. Il y est accueilli comme le sauveur de la République. Le 18 brumaire an VIII (9 novembre 1799), aidé de ses soldats, il s'empare du pouvoir et renverse le régime du Directoire.

Bonaparte rétablit l'ordre
D'abord *Premier consul*, il se fait plébisciter *consul à vie* en août 1802, par 3,6 millions de « oui » contre 8 374 « non ». Il impose son autorité à tous. Seul, il propose les lois et les fait appliquer. Il nomme des préfets à la tête des départements et s'entoure d'une police nombreuse. Il rétablit la paix en France et hors de France. Fatigué des désordres, le peuple accepte cette dictature.

Le génie de Bonaparte
Bonaparte réorganise l'administration de la France et crée la plupart des institutions sous lesquelles nous vivons encore aujourd'hui. Il fait rédiger le *Code Napoléon,* qui unifie et simplifie les lois françaises, crée les *lycées* et la *Banque de France*. Il encourage l'agriculture, l'industrie et les sciences. Pour faire cesser les troubles religieux, il signe avec le pape un accord : le *Concordat*.

Une nouvelle monnaie est émise : le franc de germinal.

Bonaparte institue une haute récompense : la Légion d'honneur.

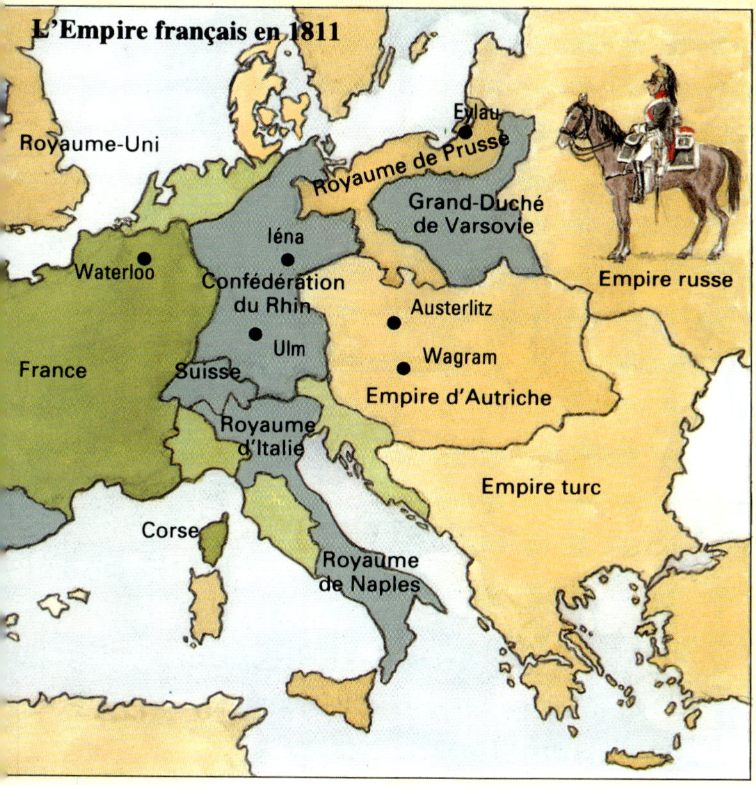

La Grande Armée
De 1805 à 1814, 2 113 000 hommes sont mobilisés par Napoléon. À chaque campagne, il dispose de plus de 500 000 hommes. Il fait déplacer ses armées à grande vitesse à travers l'Europe. C'est par les qualités guerrières que l'on monte en grade ; aussi nombre de généraux sont-ils très jeunes. Grand stratège, Napoléon dirige souvent seul les opérations. Il jouit d'un grand prestige auprès de ses « grognards ».

La marche à l'Empire

Profitant de son immense popularité, Bonaparte se fait proclamer empereur en 1804 sous le nom de Napoléon Ier. Comme Charlemagne mille ans auparavant, il veut être sacré par le pape. La cérémonie a lieu le 2 décembre à Paris dans la cathédrale Notre-Dame. L'Empereur s'entoure d'une cour brillante et soumise, où l'armée jouit d'un grand prestige.

Le conquérant face à l'Europe

Pendant dix années, Napoléon cherche à dominer toute l'Europe. Il y parviendra presque, menant des guerres incessantes. La *Grande Armée* remporte de brillantes victoires, notamment à Austerlitz, en 1805, où elle bat les Russes et les Autrichiens. Seule l'Angleterre résiste.

Le temps des défaites

À partir de 1812, après la terrible *retraite de Russie* qui décime la Grande Armée (plus de 450 000 morts), Napoléon ne peut contenir ses adversaires. Face à une Europe coalisée, il est vaincu une première fois en 1814, puis une nouvelle fois en 1815, à Waterloo. Il se rend alors aux Anglais qui l'exilent à Sainte-Hélène, où il mourra en 1821. La royauté est rétablie avec Louis XVIII : c'est la *Restauration*.

La retraite de Russie

1815, la nouvelle carte de l'Europe

Caricature des représentants des quatre grandes puissances au congrès de Vienne (Autriche, Prusse, Russie, Angleterre)

La France désarmée par ses vainqueurs
Après l'abdication de Napoléon, la France est ramenée à ses frontières de 1789. Elle perd la Savoie et certaines places fortes qui protégeaient ses frontières du nord et du nord-est. Elle doit accepter pendant cinq ans la présence d'une armée d'occupation et verser une indemnité de 700 millions de francs aux *Coalisés*. Le congrès, qui s'ouvre à Vienne en septembre 1814, doit réorganiser l'Europe. Deux cent seize États y participent, mais la partie se joue entre quatre grandes puissances : l'Angleterre, la Russie, la Prusse et l'Autriche.

Le droit des princes à disposer des peuples
Les quatre *Grands* modifient la carte de l'Europe sans tenir compte de l'avis des populations concernées. Ils se partagent les territoires. La Pologne est éclatée entre la Prusse, la Russie et l'Autriche. La Lombardie et la Vénétie sont soumises à l'Autriche. La Belgique passe sous la domination du roi de Hollande. Il importe avant tout qu'aucune puissance ne soit assez forte pour pouvoir résister à une coalition. En 1815, la Russie, l'Autriche et la Prusse signent une *Sainte-Alliance* pour défendre, partout en Europe, les monarchies absolues.

Des minorités nationales avides de liberté
Le courant de liberté qui a parcouru l'Europe et le sentiment national né de la lutte contre l'envahisseur français ont renforcé le désir d'indépendance ou d'unité de nombreux peuples. Ils refusent ce nouvel ordre européen et se révoltent contre le retour aux principes monarchiques. La Sainte-Alliance réprime ces mouvements d'indépendance.

L'Europe du congrès de Vienne

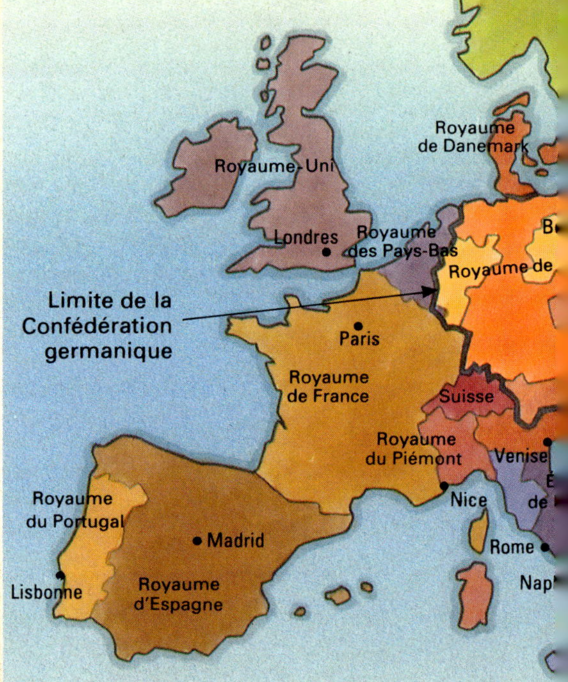

Les Polonais acceptent mal leur nouveau statut. La révolte gronde ; des sociétés secrètes s'organisent.

En 1817, les étudiants allemands manifestent et réclament l'unité des États allemands.

Les différents États italiens sont divisés et une grande partie d'entre eux sont soumis à l'Autriche. En 1820, les *Carbonari* italiens, membres d'une société secrète, organisent les premiers soulèvements contre les souverains de Naples et de Turin.

En 1820, des officiers libéraux s'insurgent contre la monarchie espagnole. La France vient en aide au roi Ferdinand VII. Le mouvement est écrasé en 1823.

En 1821, les Grecs se soulèvent contre la domination turque. Ils obtiennent leur indépendance en 1829.

Entre 1810 et 1825, la guerre d'indépendance éclate en Amérique latine. Le Chili, le Pérou, l'Argentine et le Mexique se libèrent de la domination espagnole. En 1822, le Portugal perd le Brésil, qui devient indépendant.

Les Belges n'acceptent pas la domination du roi de Hollande, qui supprime les libertés et impose le néerlandais comme seule langue officielle.

En Autriche, Allemands, Italiens, Slaves, Hongrois souhaitent s'émanciper. Grâce à la Sainte-Alliance, la crise peut être contenue jusqu'en 1848.

Les révolutions de 1830 et 1848

L'Europe ultra-conservatrice
Après la chute de Napoléon, les sentiments monarchique et religieux connaissent un renouveau inattendu en Europe. L'heure de la revanche sonne pour les royalistes ; partout, les conquêtes révolutionnaires sont menacées. Le retour à la monarchie absolue entraîne la suppression des libertés individuelles, le rétablissement de la censure, la modification du régime électoral. L'opposition libérale est rejetée dans l'illégalité. Les grandes puissances victorieuses s'unissent dans le but d'intervenir là où la révolution menace.

La Liberté guidant le peuple

(d'après un tableau de Delacroix)

Les idées révolutionnaires ont partout germé
La conquête napoléonienne a profondément transformé l'Europe. Partout où il est passé, l'Empereur a supprimé le servage, aboli les droits seigneuriaux, simplifié l'administration, imposé le Code civil, proclamé la liberté de la pensée, donné des constitutions. Il a ainsi, malgré lui, propagé les principes de tolérance, de liberté, d'égalité dans toute l'Europe et donné naissance aux mouvements libéraux et nationaux qui vont peu à peu bouleverser l'ordre établi par les traités de 1815.

Deux vagues révolutionnaires : 1830 et 1848

1830
En France, le roi Charles X, qui succède à Louis XVIII en 1824, dresse contre lui tous les partisans de la liberté. En 1830, il essaie de soumettre les journalistes au contrôle étroit du gouvernement. Le peuple de Paris se révolte et, durant trois jours, les « Trois Glorieuses » (27, 28 et 29 juillet), se bat derrière les barricades. Charles X doit s'enfuir.
Un mois après cette insurrection, la Belgique se libère de la domination hollandaise et obtient son indépendance. La Pologne s'insurge à son tour mais échoue et subit une cruelle répression. Des émeutes éclatent également en Italie et en Allemagne. Elles sont durement réprimées.

1848
De février à mai 1848, c'est le *« printemps des peuples »*. Paris donne à nouveau le signal, chasse le roi Louis-Philippe et proclame la république. Simultanément, à travers toute l'Europe, des révolutions éclatent et semblent un moment sur le point de triompher.

À Vienne, à Berlin, à Naples, à Turin, à Venise, à Milan, à Prague, on réclame des libertés politiques, des réformes sociales ou l'indépendance. Mais le grand espoir des peuples est noyé dans le sang. L'Autriche, aidée de la Russie, soumet par la force tous les peuples qui se sont dressés contre elle.

La révolution industrielle

Augmentation de la population
La croissance démographique qui a débuté au milieu du XVIIIe siècle se poursuit au XIXe. La mortalité continue à baisser. Grâce aux progrès de l'agriculture, les famines disparaissent en Europe occidentale et, avec elles, les épidémies. La natalité reste partout très forte. De 1800 à 1850, la population européenne passe de 187 à 266 millions d'individus.

Des bateaux sans voiles et sans rames
Dès 1819, des bateaux à vapeur, les *steamers*, traversent l'Atlantique. La traversée dure environ 15 jours. Un voilier met entre 30 et 40 jours.

Une force nouvelle : la vapeur
Le principe – l'eau qui bout dans une chaudière produit de la vapeur. L'échappement contrôlé de cette vapeur fournit une force que l'on peut utiliser. Inventées en Angleterre au XVIIIe siècle, les machines à vapeur fournissent, au moyen du charbon, une force motrice abondante et bon marché.
La *machine à vapeur* est l'innovation technique fondamentale de cette révolution industrielle.

La batteuse à vapeur
Le mécanisme de la batteuse est actionné par la vapeur. Le travail devient plus rapide et moins pénible.

De la diligence au chemin de fer
Utilisant la vapeur, Anglais et Français mettent au point les premières locomotives tirant des voitures sur rails. Grâce au *chemin de fer*, on voyage plus vite (près de 50 km/h en 1850) et plus facilement. On transporte aussi d'importantes quantités de marchandises. Dès 1842, la plupart des grandes villes sont reliées entre elles.

Les autres découvertes du XIXe siècle

1825 Niepce invente la *photographie*.
1830 Thimonnier met au point la première *machine à coudre*.
1855 Bessemer transforme la fonte en *acier*.
1869 Gramme invente une machine à produire de *l'électricité*.
1869 Bergès produit du courant électrique à l'aide d'une chute d'eau (la *houille blanche*).
1876 Bell invente le *téléphone*.
1877 Edison invente le *phonographe*.
1879 Edison fabrique la première *lampe électrique*.
1885 Pasteur met au point le *vaccin contre la rage*.
1895 Les frères Lumière inventent le *cinématographe*.

Les voitures
En 1894, une voiture à vapeur, la *Dion-Bouton*, parcourt la distance Paris-Rouen à la vitesse de 21 km/h.

Les avions
En 1890, Ader est le premier homme à s'élever dans les airs à bord d'un avion à vapeur.

L'accélération de la production

L'utilisation des machines se traduit par une accélération de la production dans l'industrie textile, la métallurgie et l'agriculture.

De l'atelier à l'usine
La mécanisation entraîne peu à peu la disparition du travail à domicile ou dans de petits ateliers. Les ouvriers sont regroupés dans de grandes *usines* installées dans les régions où le charbon est abondant. Beaucoup de paysans pauvres quittent leurs villages pour les villes, et deviennent ouvriers. Mais leur vie est misérable. Ils travaillent de douze à quatorze heures par jour, pour de très faibles salaires. Les enfants sont employés dès l'âge de sept ans !

L'apparition de banques puissantes

La révolution industrielle coûte cher. Nobles et bourgeois, qui participent de près à cette révolution, se chargent de mettre l'argent disponible au service de l'industrie. Ils créent des banques destinées à financer les entreprises très coûteuses, comme les chemins de fer. De grandes sociétés et de puissantes banques apparaissent. C'est l'essor du *capitalisme*.

Les transformations de la société

L'exode rural
Au XIXe siècle, on assiste, dans toute l'Europe, à un important déplacement de la population des campagnes vers les villes. Cet exode est dû au déclin de l'artisanat rural, concurrencé par les usines, ainsi qu'à la réduction de la main-d'œuvre paysanne, provoquée par la mécanisation agricole. Entre 1861 et 1911, 5 millions de paysans français quittent les campagnes.

La transformation des villes
À partir de 1850, certaines villes, comme Paris ou Londres, atteignent le million d'habitants. Elles font face à de nombreux problèmes : ravitaillement, transports... Les banlieues apparaissent et regroupent usines et logements ouvriers. Les différentes classes sociales se séparent, chacune se regroupant dans des quartiers d'habitation distincts.

Maison bourgeoise au centre ville

Apparition d'une classe ouvrière

Elle est constituée par l'ensemble des salariés employés dans la grande industrie (mines, textile). Les ouvriers vivent dans des conditions difficiles, travaillant treize à quatorze heures par jour. L'abondance de main-d'œuvre permet aux patrons de maintenir de bas salaires. Le chômage est fréquent. Bien qu'interdites, des grèves très violentes éclatent souvent. Consciente d'être victime du développement économique, la classe ouvrière cherche à s'organiser. Elle revendique des droits, notamment la *liberté d'association*.

Bourgeoisie et classes moyennes

C'est la bourgeoisie qui bénéficie le plus du progrès industriel du XIXe siècle. Elle domine la vie économique, contrôle les banques, les compagnies de commerce, les usines. Elle détient le pouvoir politique. Les classes moyennes (artisans, commerçants, fonctionnaires, médecins, notaires) connaissent une certaine aisance et se développent.

Le développement des idées révolutionnaires

La misère ouvrière et l'inégalité sociale grandissante créent un vaste mouvement *« socialiste »* qui naît simultanément en Angleterre et en France, peu après 1815. Les socialistes pensent qu'il est possible d'organiser une société plus juste qui donnera une vie meilleure au plus grand nombre d'hommes.

- L'Anglais OWEN souhaite la redistribution à tous d'une partie des bénéfices de l'entreprise.
- Le Français PROUDHON, qui déclare que « la propriété, c'est le vol », encourage les travailleurs à se grouper en *coopératives ouvrières*.
- Le journaliste allemand Karl MARX et son ami ENGELS, qui sont à l'origine du mouvement *communiste*, montrent que le profit réalisé par le patron a pour origine l'exploitation de l'ouvrier. Marx affirme que seule la révolution peut mettre fin à cette exploitation. Sa pensée va inspirer les révolutions du XXe siècle.

Marx

Engels

L'unité italienne et l'unité allemande

Italie

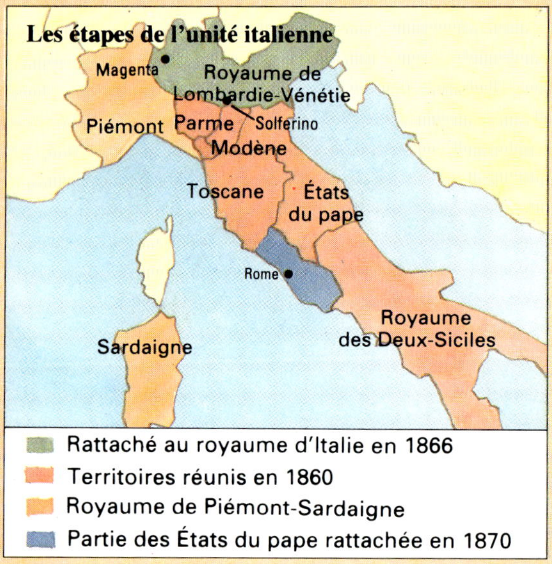

1859-1870, les étapes de l'unité

En 1859, les Autrichiens sont battus à Magenta et à Solferino. Le Piémont acquiert la Lombardie puis annexe les duchés de l'Italie du Centre et du Sud. Avec l'aide du républicain Garibaldi, la Sicile et le royaume de Naples sont réunis au Piémont en 1860. Le royaume d'Italie est proclamé en 1861 ; Victor-Emmanuel II en est le premier souverain. En 1866, une nouvelle défaite de l'Autriche permet l'annexion de la Vénétie. En 1870, Rome est à son tour annexée. Elle devient la capitale de l'Italie.

Un royaume rebelle

Après l'échec des révoltes de 1848, les petites monarchies qui composent l'Italie sont restaurées avec l'appui, et sous le contrôle, de l'Autriche. Seul le royaume de Piémont-Sardaigne résiste. Son roi Victor-Emmanuel II et son ministre Cavour, soutenus par les bourgeois, portent l'espoir des patriotes italiens qui rêvent de l'unification du pays. Cavour s'assure l'appui de la France. La guerre de libération éclate en 1859.

Une unité fragile

Le royaume d'Italie ainsi constitué connaît un profond déséquilibre entre la richesse des régions du Nord et le grand retard économique des régions du Sud. Cet état de fait provoque un fort courant d'émigration du Sud vers le Nord.

Garibaldi et ses partisans, les « Chemises rouges »

Allemagne

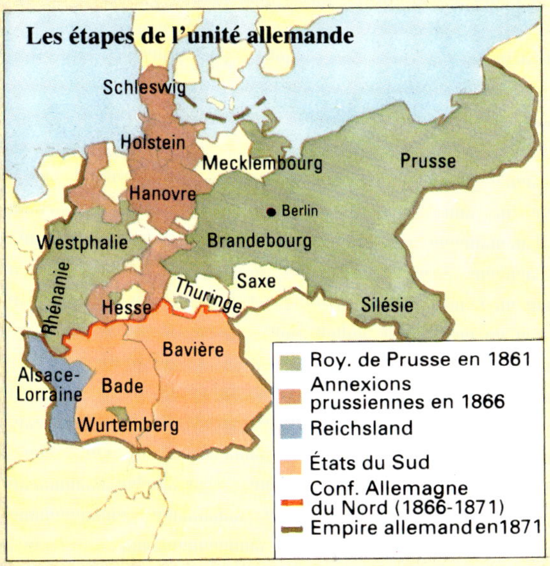

L'unité réalisée

Bismarck réorganise l'Allemagne. Il crée une confédération qui regroupe, sous la tutelle de la Prusse, les vingt-deux États du Nord. Les États du Sud, catholiques, refusent l'alliance avec la Prusse protestante. Afin d'amener tous les Allemands à s'unir, Bismarck décide alors de mener une guerre patriotique contre une puissance étrangère. Cette guerre est livrée à la France en 1870. La victoire allemande permet d'achever l'œuvre d'unification.

Deux puissances rivales

La Confédération germanique, qui a remplacé en 1815 le Saint-Empire romain germanique, comprend trente-neuf États autonomes, placés sous la présidence de l'empereur d'Autriche. Les libéraux favorables à une unité véritable mettent tous leurs espoirs dans un des États de la Confédération, la Prusse. Cette dernière s'affirme par sa puissance économique et souhaite évincer l'Autriche du pouvoir.

L'exclusion de l'Autriche

Avant d'attaquer l'Autriche, Bismarck, le ministre du roi de Prusse Guillaume Ier, s'assure de la bienveillance des autres monarques européens. Il obtient la neutralité de l'Angleterre et de la Russie, et l'appui de la France et de l'Italie. La guerre est déclarée le 18 juin 1866. Les Autrichiens sont écrasés à Sadowa le 3 juillet. La Confédération germanique est dissoute et l'Autriche se retire des affaires d'Allemagne.

Le 18 janvier 1871, à Versailles, Guillaume Ier est proclamé empereur d'Allemagne.

Berlin devient la capitale de l'Empire allemand.

La France de l'Empire à la République

Le Second Empire

Par le coup d'État du 2 décembre 1851, le prince Louis-Napoléon Bonaparte, neveu de Napoléon Ier, s'empare du pouvoir. Il met fin à la IIe République instituée après l'insurrection de 1848. La Constitution de 1852 fonde le Second Empire. Louis-Napoléon prend le titre de Napoléon III. L'empereur gouverne seul. L'administration impériale est autoritaire. Elle renforce le pouvoir des préfets et réduit les libertés. Partout la police traque les opposants. À partir de 1860, cependant, le régime devient moins autoritaire. Certaines associations ouvrières sont autorisées et le droit de grève est accordé en 1864.

Prospérité économique et grands travaux

Le développement de l'industrie textile, métallurgique et chimique est à cette époque spectaculaire. Les banques se multiplient, les chemins de fer se développent. Partout, on entreprend de grands travaux : on creuse dans les Alpes le tunnel du Mont-Cenis et en Égypte le canal de Suez. À Paris, le préfet Haussmann aménage de larges avenues. Les premiers grands magasins (le Bon Marché, le Louvre) ouvrent leurs portes. Le commerce avec l'étranger est multiplié par six. Cette prospérité rallie bourgeois et paysans au régime ; les ouvriers, eux, sont plus réticents.

Aménagement de la rue de Rennes et du boulevard Saint-Germain à Paris, sous la direction du préfet Haussmann

La proclamation de la République

À partir d'avril 1870, l'Empire est sur le déclin. La défaite de Sedan face aux Allemands accélère sa chute. L'empereur est renversé le 4 septembre 1870 et la IIIe République est proclamée. Mais il faudra attendre 1875 pour que l'Assemblée parvienne à s'entendre et dote la France d'une constitution républicaine. La guerre franco-allemande s'achève le 28 janvier 1871 par la capitulation de la France, qui doit céder l'Alsace et la Lorraine du Nord.

La Commune

Considérant la capitulation comme une trahison, Paris se soulève. Le 26 mars 1871, les Parisiens élisent une assemblée appelée « Commune de Paris ». Face aux communards (petits bourgeois socialistes et ouvriers), le président Thiers oppose l'armée. Du 22 au 28 mai 1871, la répression est sanglante. Des milliers de Parisiens sont tués ou déportés (ci-dessus, exécution de communards au cimetière du Père-Lachaise).

L'école pour tous

En 1881, le ministre Jules Ferry fait voter la *gratuité* de l'enseignement. Puis, en 1882, il rend l'école *obligatoire* pour tous les enfants de six à treize ans. L'école est *laïque*, c'est-à-dire qu'on n'y reçoit plus d'enseignement religieux. Les maîtres sont payés par l'État.

Un pays coupé en deux

En 1894, le capitaine Alfred Dreyfus est condamné pour espionnage au profit de l'Allemagne. Cette « affaire » divise la France. Les *« dreyfusards »* pensent qu'il n'a été condamné que parce qu'il est juif. Les *« antidreyfusards »* sont d'accord avec le jugement. Dreyfus est défendu par le socialiste Jaurès et par l'écrivain Zola. Après des années de déportation à l'île du Diable, il est finalement reconnu innocent. Il est réhabilité et réintégré dans l'armée en 1906.

La conquête de l'Ouest

Un immense pays à coloniser

Au début du XIXe siècle, l'ouest des États-Unis est un immense territoire encore inexploré. Les grandes plaines, au-delà des Appalaches, sont le domaine des tribus indiennes. L'expansion territoriale des États-Unis va se faire durant la première moitié du XIXe siècle, soit par l'achat de territoires (Louisiane achetée à la France en 1803), soit par des annexions (Texas en 1845) ou des guerres (Californie et Nouveau-Mexique en 1848). Au milieu du XIXe siècle, les États-Unis ont atteint leurs frontières actuelles. L'Union compte trente-quatre États, qui sont loin d'être occupés.

L'afflux d'immigrants

Des colons venus de l'Est américain s'installent sur ces territoires. Ce sont de hardis pionniers qui défrichent le sol de la prairie et deviennent agriculteurs ou éleveurs. C'est le pays des *cow-boys*. En revanche, les immigrants européens, qui arrivent aux États-Unis à cette même époque, ne s'enfoncent presque jamais dans l'Ouest ; ils se fixent dans les villes ou les campagnes peuplées de l'Est. En 1860, les États-Unis comptent près de 32 millions d'habitants, trois fois plus qu'en 1820, huit fois plus qu'en 1790.

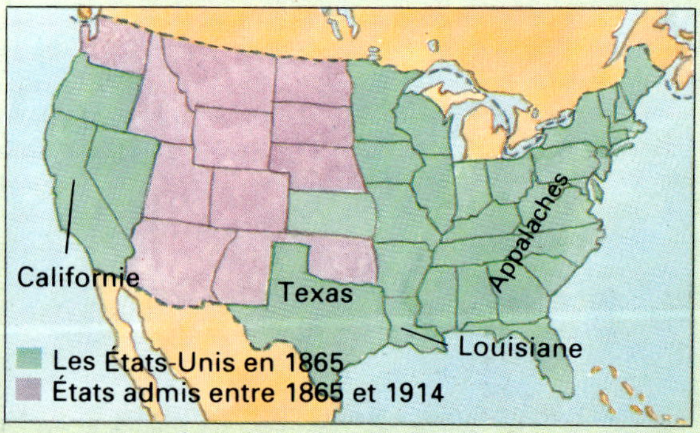

La ruée vers l'or

La découverte de l'or en Californie, en 1848, précipite la ruée vers l'Ouest. Cet Ouest lointain *(Far West)* est conquis par des chercheurs d'or qui accourent en chariot ou par mer, portés par le rêve d'une fortune assurée. La population de la Californie passe, en quatre ans, de 10 000 à 250 000 habitants.

Les guerres indiennes

Dans leur conquête, les pionniers se heurtent aux tribus indiennes (Sioux, Apaches...) qui défendent leurs territoires. Les chefs indiens, tels Géronimo, Cochise, Sitting Bull, sont célèbres pour leur résistance. La plupart des Indiens sont exterminés dans des guerres sanglantes qui se déroulent entre 1860 et 1886. Les survivants sont rassemblés dans des *réserves indiennes*.

Esclavage et guerre de Sécession

La question de l'esclavage divise le Nord et le Sud des États-Unis. En 1860, lorsque le républicain antiesclavagiste Abraham Lincoln devient Président des États-Unis, onze États du Sud décident de faire *sécession,* c'est-à-dire de se séparer de l'Union. La guerre civile éclate en 1861. Elle va durer quatre ans et faire plus de 600 000 morts ! Les *nordistes* sont vainqueurs. L'esclavage est aboli.

1900 - Les États-Unis, première puissance industrielle mondiale

Américains et immigrants mettent rapidement en valeur les territoires conquis. Le développement des voies de communication, notamment du réseau ferré (80 000 km en 1870), favorise l'essor économique. Les régions se spécialisent. Alors que dans l'Ouest et le Sud l'agriculture domine, le Nord et l'Est s'industrialisent. La mécanisation et le travail à la chaîne se mettent peu à peu en place. En 1900, les États-Unis sont la première puissance industrielle mondiale.

En 1865, la première ligne de chemin de fer reliant l'Atlantique au Pacifique, le *Transcontinental*, est achevée.

Le partage colonial

Les Européens à la conquête du monde

À partir de 1850, les Européens se lancent à la conquête de vastes territoires inexploités d'Afrique, d'Asie et d'Australie. Le rythme de l'expansion est très rapide. Ainsi, l'Europe, qui ne possède que 11 % de l'Afrique en 1875, en contrôle 90 % en 1902. Cette colonisation permet aux puissances industrielles de trouver de nouveaux débouchés pour leurs produits et leurs capitaux, et d'assurer leur approvisionnement en matières premières. Elle permet également l'émigration d'une population en fort accroissement.

Soldats, explorateurs, missionnaires

Pour l'armée, l'installation de nouveaux comptoirs sur tous les continents permet d'assurer le contrôle et la défense des routes maritimes.

La France en Afrique du Nord, en Afrique occidentale et en Afrique équatoriale, la Grande-Bretagne en Afrique du Sud, mènent des guerres de conquête parfois très violentes. Les Belges, les Portugais, les Allemands, les Italiens et les Espagnols cherchent également à s'approprier des territoires africains.

L'Asie du Sud-Est est partagée entre les Français (Laos, Cambodge, Viêt-nam), les Anglais (Birmanie, Malaisie) et les Hollandais (Indes néerlandaises). La Chine, elle-même, subit la pression européenne.

Au début du XXᵉ siècle, l'Empire britannique couvre 33 millions de km² et compte 490 millions d'habitants, le quart du globe. L'Empire français couvre 11 millions de km² et compte 50 millions d'habitants.

Des aventuriers se lancent à la découverte de régions inconnues. L'Anglais Livingstone découvre le Zambèze ; le Français Savorgnan de Brazza explore le Congo et fonde Brazzaville.

Pour les *missionnaires,* il est nécessaire d'aller porter la « civilisation » et la religion à des peuples que presque tous les Européens considèrent comme « inférieurs ».

Les rivalités coloniales

En Afrique, l'Angleterre et la France s'affrontent à propos du Soudan ; la France et l'Italie à propos de la Tunisie ; l'Allemagne et la France à propos du Maroc. En Afrique du Sud, pour la domination des mines d'or et de diamants, les Anglais mènent une guerre de trois ans (1899-1902) contre les descendants des colons néerlandais, les *Boers*. Anglais et Russes se font la guerre en Asie. En Europe même, l'Autriche et la Russie convoitent les mêmes territoires.

1914-1918 : la Grande Guerre

Deux camps face à face
En 1914, deux blocs s'opposent pour des raisons économiques et politiques. D'un côté, la France, la Russie et la Grande-Bretagne forment la *Triple-Entente*, de l'autre, l'Autriche-Hongrie, l'Italie et l'Allemagne sont unies dans la *Triple-Alliance*.

C'est l'assassinat de l'héritier du trône d'Autriche-Hongrie à Sarajevo, le 28 juin 1914, qui entraîne, par le jeu des alliances, le début du conflit. L'Autriche attaque la Serbie soupçonnée d'avoir armé le bras du criminel. La Russie mobilise pour aider son alliée la Serbie. Lorsque l'Allemagne, liée à l'Autriche, déclare la guerre à la Russie, elle entraîne la mobilisation de la France puis celle de l'Angleterre.

L'échec des pacifistes
Les dirigeants européens des mouvements socialistes se sont rencontrés pour tenter de faire échec à la guerre. En juillet 1914, ils appellent le peuple à manifester. Le 31 juillet, à Paris, le dirigeant socialiste Jaurès est assassiné. Les socialistes donnent finalement priorité à la « défense de la patrie » et se résignent à la guerre.

Les premiers assauts
Le 2 août 1914, les Allemands envahissent la Belgique ; ils bousculent les armées françaises à Charleroi, le 23 août. En septembre, ils mènent une offensive sur la Marne et ne sont plus qu'à 40 km de Paris. De la capitale, des soldats sont envoyés en renfort sur le front, grâce à des taxis parisiens réquisitionnés par Gallieni. Pendant une semaine, l'armée française commandée par le général Joffre fait face à l'armée allemande qui est finalement contenue. L'invasion de la France est évitée. Aucune des deux armées n'obtient la victoire. La guerre, que l'on pensait courte, va durer quatre années !

Les « taxis de la Marne »

La guerre des tranchées

De 1914 à 1917, les armées s'enterrent. Les combattants vivent dans la boue, le froid et la peur, au fond de tranchées qu'ils quittent parfois pour donner l'assaut. Les pertes en hommes sont énormes. En avril 1917, des mutineries éclatent sur le front. Après trois ans de conflit, les soldats ne croient plus à la guerre.

Cinq cent mille morts en cinq mois

C'est le bilan d'une des batailles les plus terribles de l'Histoire. Elle se déroule à Verdun, en 1916, entre Français et Allemands. Cette gigantesque bataille d'artillerie coûte la vie à 240 000 Français et à 275 000 Allemands.

Soldats français dans une tranchée

Les soldats portent des masques à gaz pour se protéger des attaques par le gaz.

Toute l'économie mobilisée

La guerre est longue et nécessite un effort économique intense. L'État mobilise toute l'énergie des civils. Les femmes remplacent les hommes aux champs et dans les usines ; on fait appel à la main-d'œuvre coloniale. Pour financer l'effort de guerre, on a recours à de nouveaux impôts. Les travailleurs connaissent le rationnement, la hausse des prix et la misère. Les grèves sont fréquentes.

La fin de la guerre

Le 2 avril 1917, les États-Unis déclarent la guerre à l'Allemagne. Un million d'Américains sont mobilisés. Ces renforts viennent à bout de la résistance allemande. Le 11 novembre 1918, l'Allemagne signe l'*armistice*.
En quatre ans, 9 millions de personnes ont péri et 4 millions resteront invalides. La France compte 1 400 000 tués, l'Allemagne 1 800 000.

La révolution russe

Un village russe
à la fin du XIXe siècle

L'Empire en 1914
En 1914, le tsar Nicolas II est à la tête d'un immense empire (165 millions d'habitants), à la fois puissant et fragile. Le régime est autoritaire. Il voit se dresser contre lui bourgeois, ouvriers et paysans, qui réclament des réformes. À la veille de la guerre, la situation est explosive. Déjà une révolution a éclaté en 1905. Le tsar souhaite la guerre afin de consolider son pouvoir. En juillet 1914, pour porter secours à la Serbie, attaquée par l'Autriche, la Russie mobilise.

De plus en plus de difficultés
L'armement et le ravitaillement sont insuffisants. Au cours de l'hiver 1915-1916, les défaites successives de l'armée russe révèlent l'incapacité du régime. Les pertes humaines sont très lourdes. Le peuple perd confiance. Les grèves se multiplient et le gouvernement est bientôt mis en cause.

Février 1917 : le tsar est renversé
En février 1917, la misère provoque des manifestations populaires à Petrograd. La grève devient générale. Les soldats refusent d'obéir et rejoignent les insurgés. En quelques jours, l'un des plus puissants États du monde est renversé. Le tsar abdique. Le gouvernement provisoire est constitué de bourgeois et de nobles. Il a cependant peu de pouvoir. À ses côtés, soldats, ouvriers et paysans, organisés en conseils, les *soviets*, constituent un second pouvoir.

Lénine et les bolcheviks

Le gouvernement provisoire ne fait pas les réformes attendues. Lénine et ses partisans, les *bolcheviks*, minoritaires au sein des soviets, deviennent populaires grâce à leur slogan : « paix, terre aux paysans et contrôle ouvrier dans les usines ». Lénine affirme qu'une seconde révolution est nécessaire.

Lénine

La révolution d'octobre 1917

Par peur de l'agitation révolutionnaire, le gouvernement provisoire lance des mandats d'arrêt contre les dirigeants bolcheviks. Lénine charge alors Trotski d'organiser une insurrection à Petrograd. Elle éclate le 25 octobre. En un jour, les bolcheviks prennent le pouvoir. Immédiatement, Lénine donne la terre aux paysans et promet la paix.

Guerre civile et dictature

La guerre civile éclate en 1918. Elle va durer trois ans. D'anciens généraux tsaristes organisent des *armées Blanches* avec l'appui militaire des Alliés. Ils veulent chasser les bolcheviks. La lutte est sanglante. En 1921, les *Blancs* sont écrasés par *l'armée Rouge* organisée par Trotski. Mais, pour triompher, le régime a dû créer une police politique, la *Tcheka,* dans le but de supprimer toute opposition. En mars 1918, les bolcheviks créent le parti communiste. À partir de 1919, ce parti impose une dictature totale.

Un pays ruiné

En 1920, la Russie est épuisée par la guerre et les luttes intérieures. Elle a perdu 14 millions d'hommes depuis 1914. C'est la misère. Le rude hiver de 1920-1921 et la sécheresse de l'été qui suit anéantissent les récoltes. La famine fait plus de 5 millions de victimes.

La prise du palais d'Hiver en octobre 1917

Les Années folles

Ébranlée par la Première Guerre mondiale et par la révolution russe, la société occidentale cherche sa voie. À partir de 1920, elle subit de profondes transformations. Le progrès scientifique et la reprise de la croissance lui font croire à une prospérité définitivement acquise. Ce sont les « Années folles ».

Le règlement de la paix

Trente-deux pays participent à la Conférence de la Paix qui s'ouvre à Paris en 1919. Mais, en réalité, les traités sont mis au point par les quatre Grands : France, Italie, Grande-Bretagne et États-Unis. Le *traité de Versailles* est humiliant pour l'Allemagne : elle est démembrée ; elle perd son armée et ses colonies et doit payer des dommages de guerre. Ses alliées, l'Autriche-Hongrie et la Turquie, sont aussi durement traitées. Ces grands empires sont morcelés. La Conférence trace ainsi une nouvelle carte de l'Europe.

La nouvelle carte de l'Europe
De nouveaux États apparaissent : la Tchécoslovaquie, l'Autriche, la Hongrie, l'Estonie, la Lettonie, la Lituanie ; la Pologne est reconstituée. Certains pays s'agrandissent, comme la Roumanie, d'autres s'amenuisent, comme la Bulgarie. Ces modifications bouleversent la politique et l'économie européennes, et rendent bien fragiles ces nouvelles frontières.

L'agitation révolutionnaire

Le mouvement révolutionnaire parti de Russie s'étend à toute l'Europe. De 1918 à 1924, les luttes sociales traduisent la révolte contre la misère et le désir de mieux vivre après les souffrances de la guerre. Les tentatives révolutionnaires se multiplient en Allemagne, en Hongrie, en Angleterre, en France, en Italie. Elles échoueront toutes, sauf en Russie.

Une nouvelle révolution industrielle

L'automobile
Avec l'invention du *moteur à explosion*, l'industrie de l'automobile connaît un développement rapide. Le nombre de véhicules augmente sans cesse dans le monde : de 1,8 million en 1914, il passe à 15 millions en 1923.

Audaces féminines et modes nouvelles

La femme acquiert une place nouvelle dans la société. Le droit de vote lui est accordé en Russie, en Grande-Bretagne et en Allemagne. Elle affirme son désir d'indépendance. Sa tenue se transforme : vêtement plus court, plus souple. Sa silhouette s'affine ; elle sacrifie ses cheveux longs, fait du sport, fume, conduit, travaille. Les femmes modernes et émancipées sont surnommées les « garçonnes ».

Les provocations d'un nouvel art

Au début du XXe siècle, les artistes : peintres, sculpteurs, musiciens, rejettent la tradition. Ils se révoltent et donnent libre cours à leur imagination. Leur liberté apparaît sans limite. Alors que les peintres *fauvistes,* comme Matisse et Derain, expriment leurs sensations par la couleur, d'autres, les *cubistes*, comme Picasso ou Braque, préfèrent s'exprimer par la forme, souvent géométrique. L'art devient abstrait ; il provoque. Paris est un foyer de création artistique. Différents mouvements s'y développent : le *dadaïsm*e, le *surréalisme*.

L'avion

L'homme continue sa conquête de l'air. La guerre a fait réaliser de spectaculaires progrès à l'aviation. En 1927, l'Américain Lindbergh traverse l'Atlantique sans faire d'escale.

L'électricité

On apprend à la transporter et son utilisation bouleverse les conditions de vie. Elle remplace le gaz et le pétrole dans l'éclairage des maisons.

La grande crise

La prospérité américaine
La puissance financière et industrielle des États-Unis se renforce encore après la Première Guerre mondiale. Le gouvernement américain favorise le monde des affaires, le « Business ». Des entreprises géantes, les *trusts,* se développent. Le dollar est roi. Le niveau de vie d'une grande partie de la population s'améliore. Les gens peuvent acheter à crédit voitures, radios, machines à laver… C'est « l'american way of life ». Cependant, des groupes sociaux en sont exclus : immigrés, Noirs, paysans, travailleurs des industries anciennes.

Pendant ces années de prospérité, les États-Unis connaissent une fièvre de construction. On construit des gratte-ciel de plus en plus hauts.

Panique à la Bourse !
Le jeudi 24 octobre 1929 (le *jeudi noir*), une grave crise financière, provoquée par une forte *spéculation*, ébranle l'Amérique. Les cours de la Bourse de New York (Wall Street) s'effondrent. Plusieurs milliers de banques et d'entreprises font faillite. L'agriculture, l'industrie et le commerce sont durement frappés. Le chômage s'étend rapidement ; des millions de travailleurs perdent leur emploi.

La crise devient mondiale

La crise, qui secoue les États-Unis à partir de 1929, s'étend à l'Europe et aux pays fournisseurs de matières premières. Les banques américaines arrêtent d'accorder des prêts à l'étranger et tentent de se faire rembourser les emprunts octroyés. Partout les achats diminuent ; la production doit être réduite et les stocks détruits.

Les effets de la crise

Partout le chômage sévit. Après les États-Unis, qui comptent 12 millions de chômeurs en 1932, l'Allemagne est le pays le plus touché, avec 6 millions de chômeurs. L'économie française est atteinte à partir de 1931. La crise économique provoque une crise politique. Des dictatures s'installent en Allemagne, en Italie, au Japon.

Dans les rues, les files d'attente des chômeurs, lors des distributions gratuites de pain, sont de plus en plus longues.

Comment sortir de la crise ?

Chaque pays invente une politique pour relancer l'activité et réduire le chômage. L'intervention de l'État se révèle nécessaire pour organiser et contrôler l'économie. Aux États-Unis, le Président Roosevelt, élu en 1932, intervient massivement (politique de *New Deal*). Pour redresser les prix agricoles, il subventionne les paysans afin que ceux-ci limitent leur production. Il tente également d'organiser la concurrence entre les entreprises. Il lance une politique de grands travaux, notamment dans la vallée du Tennessee. En Europe, seul le réarmement, dans la perspective de la guerre, permet la reprise économique.

Les grands travaux dans la vallée du Tennessee : aménager la vallée et donner du travail aux chômeurs.

La Russie de Staline

La succession de Lénine
En 1924, Lénine meurt. Trotski et Staline se disputent sa succession. Grâce à l'appui du parti communiste et à d'habiles manœuvres, Staline élimine Trotski. Il étouffe toute discussion, tout débat dans le parti. Il n'y a aucune opposition ; l'unanimité est la règle.

L'industrialisation de l'URSS
Staline donne la priorité à l'industrie. Il établit des plans d'activité sur cinq ans (les *plans quinquennaux*). Il veut transformer l'URSS en un pays industriel, puissant et autonome. Le premier plan quinquennal (1928-1932) donne la priorité absolue à l'industrie lourde. D'énormes entreprises sont édifiées. Le travail de l'ouvrier est encouragé et célébré. La production triple en cinq ans et porte l'URSS au rang des grands États industriels.

Autour de Staline se constitue le « culte de la personnalité ». En tout lieu s'étalent des portraits du « génial camarade Staline ».

On écrit des poèmes et de nombreux articles à la gloire de Staline.

La grande terreur

La société nouvelle soviétique ne se construit pas sans heurts. Face aux résistances, le gouvernement stalinien recourt à la terreur. Menée par une police politique toute dévouée, la répression est terrible. Dans le parti et dans l'armée, les arrestations et les exécutions sont nombreuses. Un million de Soviétiques sont exécutés et dix millions sont envoyés sans jugement dans des camps de travail, les *goulags*. Ces « *purges* » n'atteignent toutefois pas la solidité du régime.

De grands procès frappent des dirigeants communistes, anciens compagnons de Lénine, accusés de trahison.

Un interrogatoire mené par la Guépéou (police politique de l'URSS de 1922 à 1934)

La collectivisation forcée

Dans les campagnes, les paysans propriétaires, les *Koulaks*, résistent à la *collectivisation* des terres, c'est-à-dire à leur exploitation collective sous le contrôle de l'État. Ils refusent d'abandonner leur lopin de terre pour se regrouper dans des fermes collectives, les *sovkhozes* ou les *kolkhozes*. En 1929, Staline impose la collectivisation, qui doit permettre d'accroître la production agricole. Les paysans se révoltent. Il y aura quinze millions de morts. Cinq millions d'individus seront déportés entre 1929 et 1933.

Affiche vantant les bienfaits de la collectivisation des terres

La montée du nazisme

Hitler au pouvoir
La grande crise économique mondiale atteint l'Allemagne dès 1929. Elle va faire 6 millions de chômeurs et renforcer le parti nazi. Utilisant à la fois la propagande et la violence, jouant sur la peur et le désespoir, les nazis obtiennent plus du tiers des voix aux élections de 1932.
Le 30 janvier 1933, le président Hindenburg nomme Hitler *chancelier* d'Allemagne (chef du gouvernement).

L'Allemagne écrasée après la défaite
La défaite de 1918 provoque la chute de l'Empire allemand et la proclamation de la république. La situation économique est catastrophique. L'Allemagne est écrasée par la dette que lui a imposée le traité de Versailles. Cet endettement provoque l'effondrement de la monnaie, le *mark*, et une hausse des prix sans précédent. Rapidement, le pays se divise. Une opposition de droite, composée de militaires, de nobles, d'industriels et de nationalistes, affronte une opposition de gauche, communiste et socialiste.

La naissance du parti nazi
La crise économique de 1929 favorise le développement du parti national-socialiste, parti d'extrême droite fondé en 1919, et dont Adolf Hitler devient le chef en 1921. Ce parti *nazi*, dont l'emblème est la croix gammée, symbole solaire de l'Antiquité, rassemble les mécontents du régime, opposés au communisme. Parti raciste, il dénonce les juifs et exalte le nationalisme.
Il promet de lutter contre le chômage et de remettre en cause le traité de Versailles.

La dictature

Dès 1933, Hitler établit une dictature. Le parti nazi est proclamé parti unique. Les autres partis et les syndicats sont interdits. Les opposants, parmi lesquels figurent les communistes et les juifs, sont arrêtés. Jugés responsables de la défaite et de la crise, ils sont envoyés en camps de concentration. Hitler s'appuie sur une police redoutable, la *Gestapo*, dirigée par Himmler. La propagande nazie utilise la presse, la radio, le cinéma.

Les nazis brûlent les livres qu'ils jugent « mauvais ».

Hitler, dont la devise est : « un État, un peuple, un chef », se présente comme l'interprète des pensées et des volontés du peuple allemand. Il fanatise les foules. Très tôt, les jeunes enfants sont inscrits dans des organisations nazies.

Le réarmement allemand

L'économie est relancée par une politique de grands travaux et le développement des industries métallurgiques et chimiques. Le chômage est réduit massivement ; les usines d'armement donnent du travail à tous. En violation du traité de Versailles, l'Allemagne redevient une grande puissance militaire. Dès 1936, Hitler prépare la guerre.

La marche à la guerre

L'échec des réunions internationales
Pour garantir la paix, les Alliés créent en 1919 la Société des Nations (S.D.N.). Cette organisation internationale doit arbitrer les difficultés entre États afin d'éviter le recours à la guerre. Mais c'est en fait un club de grandes puissances. Les États-Unis n'en font cependant pas partie. Les vaincus en sont exclus.
Ne disposant pas d'armée, la S.D.N. ne peut faire appliquer ses décisions.
Les rencontres internationales ne peuvent régler ni la question du désarmement ni les rivalités entre nations qui font peser la menace d'une nouvelle guerre.

Rencontre entre Mussolini et Hitler

Les dictatures progressent
En Italie, Mussolini prend le pouvoir en 1922 grâce à des groupes de combat (les *Faisceaux*) qui forment le parti *fasciste*. Il établit une dictature.
Les Italiens perdent leurs libertés et doivent l'obéissance au chef, le « *Duce* ».
Hitler et Mussolini sont alliés.
En 1936, ils signent un traité d'alliance, l'*axe Rome-Berlin*, et interviennent dans la guerre civile espagnole pour soutenir la rébellion du général Franco.

Agressions et annexions se multiplient
Hitler veut rattacher à l'Allemagne tous les territoires habités par les Allemands.
Le 12 mars 1938, l'armée allemande envahit l'Autriche, qui est rattachée à l'Allemagne ; c'est « l'*Anschluss* », que le traité de Versailles interdisait. En septembre 1938, Hitler réclame la partie de la Tchécoslovaquie où vivent trois millions d'Allemands. Lors de la conférence de Munich, à laquelle Français et Anglais participent, l'Allemagne obtient ces territoires.
En mars 1939, l'ensemble de la Tchécoslovaquie est ensuite annexé. Le dictateur élargit ainsi ce qu'il appelle son *« espace vital »*.

Le 15 mars 1939, les Allemands entrent à Prague.

Mussolini mène également une politique d'expansion territoriale. En octobre 1935, les Italiens conquièrent l'Éthiopie.

Pour la droite française, comme pour la plupart des démocraties, l'ennemi, c'est avant tout le communisme.

Le Japon connaît un pouvoir autoritaire dominé par des militaires soucieux d'étendre la puissance du pays. En 1931, le Japon s'empare de la Mandchourie. En 1937, il occupe le nord-est de la Chine.

La faiblesse des démocraties

De 1929 à 1939, les démocraties sont aux prises avec des difficultés économiques. L'Angleterre pratique l'austérité. La France, face au péril fasciste, connaît un gouvernement de *Front populaire* (alliance des partis de gauche) qui ne réussit pas à relancer l'économie. Les États-Unis se replient sur eux-mêmes pour lutter contre la crise et sous-estiment le danger de guerre. Pour ces États, l'ennemi principal est le communisme. Certains pensent qu'Hitler peut débarrasser l'Europe du bolchevisme en écrasant l'URSS. Aussi sont-ils stupéfaits lorsque, en août 1939, Hitler et Staline signent le *pacte de non-agression germano-soviétique.*

1939-1945 : guerre éclair et conflit sans fin

Victoires éclairs de l'Allemagne

• 1er septembre 1939 :
l'Allemagne envahit la Pologne et déclenche la Seconde Guerre mondiale. C'est la guerre éclair. En trois semaines le pays est conquis et partagé entre l'Allemagne et l'URSS.

• Avril 1940 :
le Danemark est occupé et la Norvège soumise.

• Mai 1940 :
les blindés allemands envahissent les Pays-Bas, la Belgique, le Luxembourg, contournent la ligne de défense française, la *ligne Maginot*, et pénètrent en France.

• Juin 1940 :
le 14, l'armée allemande entre dans Paris. Le 17, le maréchal Pétain demande l'armistice. Le 18, le général de Gaulle appelle à la résistance. Le 22, l'armistice est signé. La moitié de la France est occupée. Seule l'Angleterre, grâce aux succès de son aviation, résiste encore.

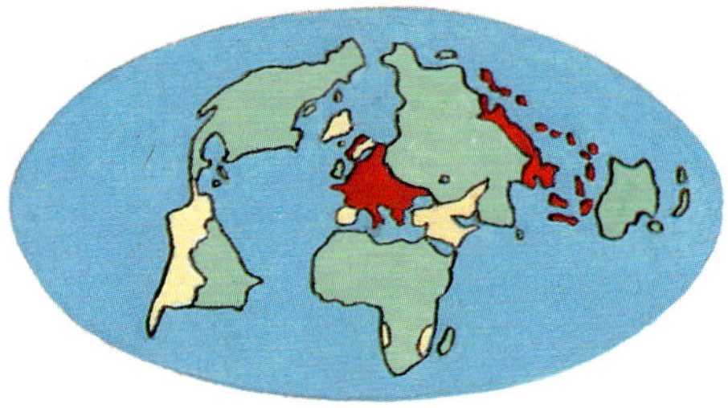

La guerre devient mondiale

• Avril 1941 :
Hitler aide les Italiens en Méditerranée et envahit la Yougoslavie, puis la Grèce.

• Juin 1941 :
les armées hitlériennes, rompant le pacte germano-soviétique, attaquent l'URSS par surprise. Elles remportent une série de victoires sur l'armée Rouge, mal préparée.
Dans le Pacifique, les Japonais, alliés des Allemands, mènent une politique d'expansion territoriale. Ils se heurtent à l'influence américaine en Asie.

• 7 décembre 1941 :
l'aviation japonaise détruit la flotte américaine à Pearl Harbor, provoquant l'entrée en guerre des États-Unis (8 décembre). La guerre est maintenant mondiale.

Stalingrad
C'est sur le front de l'Est que l'Allemagne subit sa première grande défaite. L'armée allemande rencontre devant Stalingrad une résistance soviétique farouche. Bloquées dès l'été 1942, les troupes allemandes s'enlisent et subissent le harcèlement des partisans et les rigueurs du climat. Les contre-offensives soviétiques aboutissent, le 2 février 1943, à la capitulation allemande. Cet échec a des conséquences militaires et morales immenses pour l'Allemagne.

Contre-offensives alliées

• 1942 :
dès la fin de l'année, les troupes de l'Axe sont stoppées sur tous les fronts. Les Anglais remportent des victoires en Égypte et en Libye. Avec les Américains, ils débarquent en Algérie et au Maroc et s'assurent le contrôle de l'Afrique du Nord. Dans le Pacifique, les Japonais, après une série de victoires, sont battus par les Américains au large de l'archipel de Midway.

• 1943 :
les Italiens chassent Mussolini et signent l'armistice. De son côté, l'armée Rouge reconquiert la partie occidentale de l'URSS et s'apprête à libérer l'Europe de l'Est.

• 1944 :
le 6 juin, les troupes anglo-américaines débarquent en Normandie. Le front allemand est percé le 31 juillet, Paris libéré le 25 août.

Débarquement du 6 juin 1944

l'Allemagne nazie et le Japon écrasés

• 1945 :
les troupes allemandes attaquées de toutes parts reculent.
Janvier : l'armée soviétique prend Varsovie.
Avril : les troupes anglo-américaines et soviétiques se rejoignent sur l'Elbe. L'Allemagne est occupée. Le 30 avril 1945, Hitler se suicide.
7 et 8 mai : capitulation sans condition de l'Allemagne.
Août : pour mettre un terme à la résistance japonaise, les Américains lancent, sur Hiroshima (6 août) et Nagasaki (9 août), deux bombes atomiques.
2 septembre 1945 : capitulation japonaise.

La Seconde Guerre mondiale a fait près de 50 millions de morts, dont 30 millions en Europe.

Champignon atomique

L'Europe sous l'occupation allemande

L'Europe aux mains des nazis
Les pays « soumis » sont mis au service de la machine de guerre allemande. Un véritable pillage des produits agricoles et des matières premières est organisé. Les biens des Juifs sont partout confisqués. Des indemnités très lourdes sont versées aux Allemands pour l'entretien des troupes d'occupation. Les populations sont réduites à la misère. Le *marché noir* permet à ceux qui en ont les moyens de compléter les rations insuffisantes. L'industrie allemande, qui a besoin de main-d'œuvre, fait appel à des volontaires. Mais, à partir de 1943, un service du travail obligatoire (*S.T.O.*) est imposé ; 7 millions de travailleurs de toute l'Europe sont ainsi contraints de prendre le chemin des usines allemandes.

Camps de concentration et extermination
Les opposants au régime nazi sont envoyés dans des camps de concentration. Dans ces camps, administrés par les S.S. (police militarisée nazie), le travail est épuisant et la nourriture réduite. Les coups et la maladie conduisent rapidement à la mort. L'État nazi, fondé sur le racisme et principalement sur l'*antisémitisme* (le racisme anti-juif), décide de procéder dès 1942 à l'élimination de tous les Juifs.

Certains camps, comme *Auschwitz* et *Treblinka*, deviennent des lieux d'extermination par les gaz et par les flammes. C'est le plus grand *génocide* (extermination systématique d'un groupe humain) de l'histoire. Plus de 10 millions de personnes vont périr dans les camps, dont 6 millions de Juifs.

Le 24 octobre 1940, Hitler et Pétain se rencontrent à Montoire-sur-le-Loir et élaborent une politique de collaboration franco-allemande.

La Résistance

En juin 1940, à Londres, le général de Gaulle lance aux Français un appel à poursuivre la guerre. Peu à peu, des réseaux clandestins de résistants s'organisent. Malgré la répression violente dont elle est victime : exécutions, tortures, déportations, la Résistance s'étend. Elle renseigne les Alliés, multiplie les attentats et crée des *maquis*, lieux secrets de ralliement. En France, comme dans toute l'Europe occupée, la résistance au nazisme regroupe des hommes aux opinions très diverses : des communistes, des socialistes, des chrétiens et même des conservateurs monarchistes.

Les collaborateurs

Dans les pays occupés, la domination nazie s'appuie sur une partie de la population qui accepte de collaborer avec l'occupant. Il s'agit soit de partisans du fascisme, soit de résignés qui se rallient à la loi du plus fort. En France, à partir de 1940, le gouvernement de Vichy, dirigé par le maréchal Pétain, collabore avec l'Allemagne. Les libertés sont confisquées ; la presse et la radio sont mises sous contrôle. Certains collaborateurs s'engagent dans la *Milice*, une formation paramilitaire qui aide la *Gestapo* (police allemande) à traquer les résistants et les Juifs.

Jean Moulin, président du Conseil national de la Résistance, est torturé à mort par les Allemands en 1943.

De Gaulle

Sabotage d'une voie ferrée par des résistants

La guerre froide

Deux superpuissances face à face
Au lendemain de la victoire, les trois Grands, États-Unis, URSS et Grande-Bretagne, se rencontrent à Yalta (Crimée) puis à Potsdam (Allemagne). Ils créent le tribunal de Nuremberg pour juger les criminels de guerre nazis, mettent en place l'Organisation des Nations unies (ONU), partagent l'Allemagne en quatre zones d'occupation et tentent de s'entendre sur le sort de l'Europe. Très vite, l'URSS et les États-Unis s'imposent comme les deux seules grandes puissances, sur lesquelles repose la réorganisation du monde. Mais elles ne peuvent s'entendre, car elles proposent deux systèmes inconciliables, l'un communiste, l'autre capitaliste.

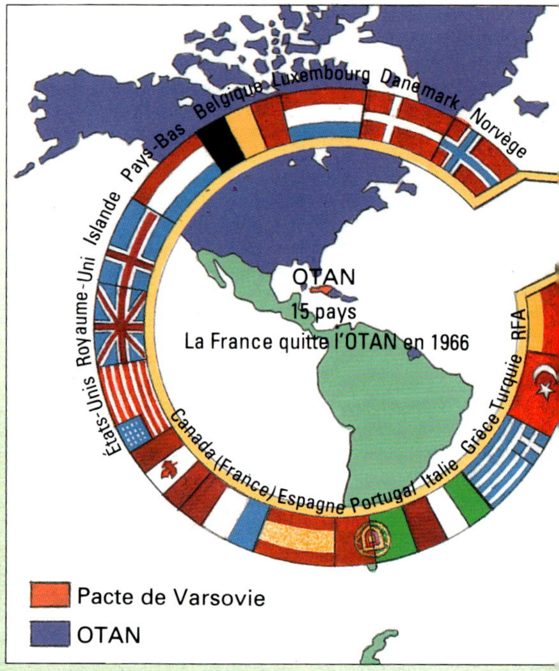

Churchill, Roosevelt et Staline à Yalta

L'ONU
Fondée à San Francisco le 26 juin 1945, l'ONU remplace la SDN. Elle siège à New York. Elle regroupe aujourd'hui plus de 160 pays. Son but est d'éviter le retour de la guerre et de favoriser la coopération internationale. Elle dispose d'une force armée, les *casques bleus*. Le Conseil de sécurité est l'organe de décision. Un droit de veto est accordé aux cinq Grands, vainqueurs de 1945 : États-Unis, URSS, Grande-Bretagne, Chine et France.

L'Europe coupée en deux
Dans les pays d'Europe de l'Est qu'elle occupe, l'URSS favorise la prise du pouvoir par les partis communistes. Ces pays prennent le nom de « Démocraties populaires » et deviennent des dictatures alliées des Soviétiques. Les États-Unis décident alors d'aider au relèvement économique de l'Europe, afin d'endiguer l'expansion du communisme. Ils offrent à tous les pays d'Europe, communistes y compris, une aide financière *(plan Marshall)*. Mais l'URSS et ses alliés la refusent. La division Est-Ouest devient une réalité. L'Anglais Churchill parle d'un *« rideau de fer »* qui s'est abaissé sur l'Europe orientale.

La course aux armements
À droite, missile soviétique ; à gauche, missile américain

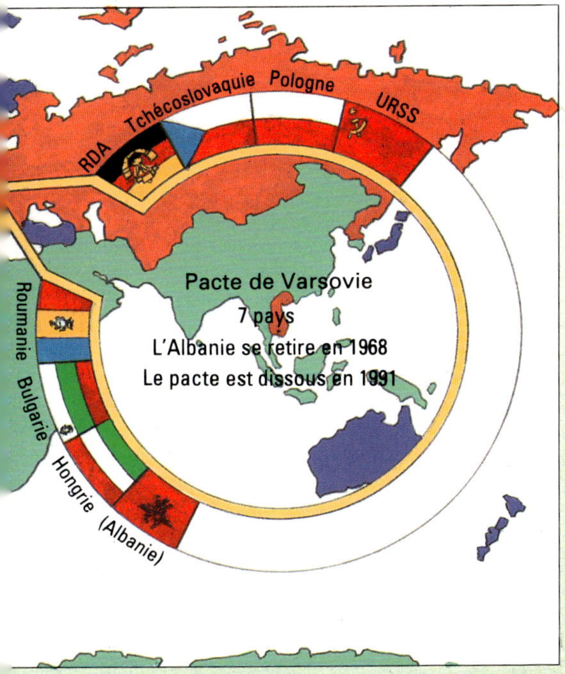

OTAN et pacte de Varsovie
Dès 1947, la rupture est ainsi totale entre les deux blocs rivaux. En 1949, l'Allemagne est coupée en deux : à l'ouest, est créée la République fédérale d'Allemagne (RFA), à l'est, la République démocratique allemande (RDA). Chacun des camps se renforce en organisant un système d'alliances. À partir de 1949, l'*Organisation du traité de l'Atlantique Nord* (OTAN) regroupe les puissances militaires occidentales autour des États-Unis. Le *pacte de Varsovie* réunit, à partir de 1955, l'URSS et ses alliés en une organisation militaire commune.

Le mur de Berlin
Construit en 1961 par les autorités est-allemandes prosoviétiques, il vise à empêcher les Allemands de l'Est de gagner l'Ouest.

Crises et course aux armements

À partir de 1949, l'URSS est dotée de l'arme nucléaire. Les deux Grands possèdent désormais des forces équilibrées. Pour maintenir cet équilibre, chacun va pratiquer une politique de surarmement. Chaque puissance cherche à étendre sa zone d'influence, mais elles ne peuvent se permettre un affrontement direct. C'est la *guerre froide*, caractérisée par une succession de crises locales, où les deux puissances combattent par adversaires interposés : guerre de Corée de 1950 à 1953 ; construction du mur de Berlin en 1961, crise de Cuba en 1962, guerre du Viêt-nam à partir de 1964. Ces crises mettent en péril la paix du monde, mais ne débouchent pas sur un conflit généralisé.

La détente

Peu à peu, cependant, la détente s'installe. En 1959, les deux chefs d'État, Khrouchtchev pour l'URSS et Eisenhower pour les États-Unis, se rencontrent. Ils tentent d'adopter une politique de *coexistence pacifique*. Il faudra cependant attendre 1963 pour que l'URSS et les États-Unis concluent les premiers accords de contrôle des armements.

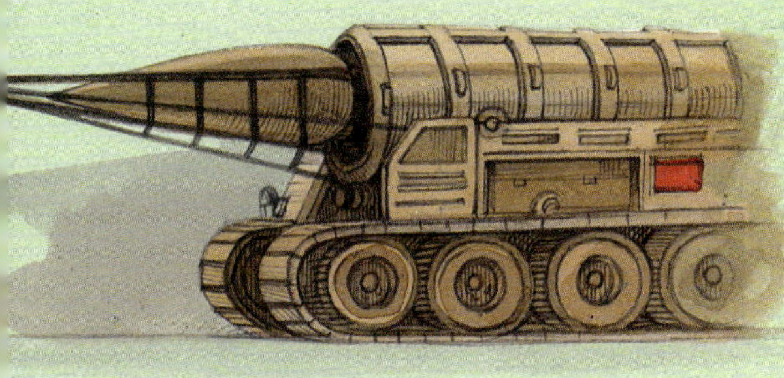

La décolonisation

Des puissances coloniales affaiblies
La Seconde Guerre mondiale a affaibli les puissances coloniales. Profitant de cette situation, les colonisés, qui acceptent de plus en plus difficilement la domination européenne, demandent que soit reconnu leur droit à disposer d'eux-mêmes. Des voix s'élèvent pour réclamer l'indépendance. L'ONU les y encourage ; les États-Unis et l'URSS, hostiles à la colonisation, les soutiennent.

Le Mahatma Gandhi est l'initiateur du principe de la résistance non violente à l'occupation anglaise en Inde.

La décolonisation en Asie

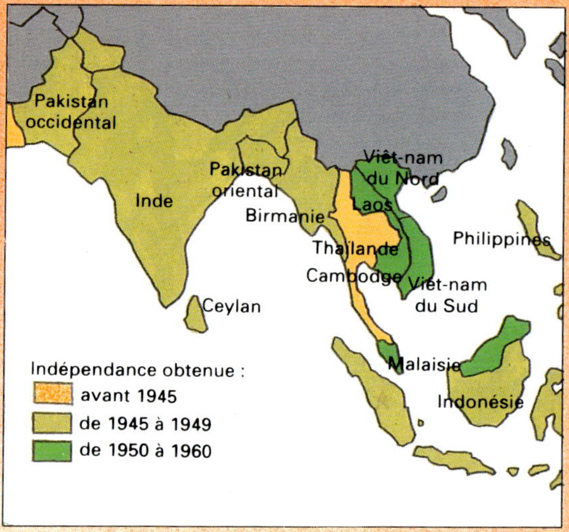

La Grande-Bretagne ouvre la voie de la décolonisation. En 1947, à la suite de négociations avec les nationalistes, l'indépendance est accordée à l'Inde. Deux États sont alors créés : la République indienne et le Pakistan. Ceylan, en 1947, la Birmanie, en 1948, et la Malaisie, en 1957, acquièrent à leur tour l'indépendance.

En Indonésie, la décolonisation s'opère dans la violence. Les Pays-Bas n'acceptent pas l'indépendance des Indes néerlandaises proclamée en 1945, et tentent la reconquête. Il faudra la pression des États-Unis et de l'ONU pour que l'Indonésie se libère en 1949.

La guerre d'Indochine
En 1945, Hô Chi Minh, chef du parti communiste indochinois, proclame l'indépendance du Viêt-nam (une partie de l'Indochine). La France, qui veut rester maîtresse de sa colonie, engage la lutte en 1946. Les combats sont acharnés. Les Vietnamiens pratiquent la guérilla. Après 1949, ils reçoivent l'aide de la Chine. En 1954, l'armée française essuie la terrible défaite de Diên Biên Phu. Le Viêt-nam, le Laos et le Cambodge (autres régions de l'Indochine) sont reconnus indépendants.

Combattants du Front de l'indépendance du Viêt-nam (Viêt-minh)

La décolonisation en Afrique

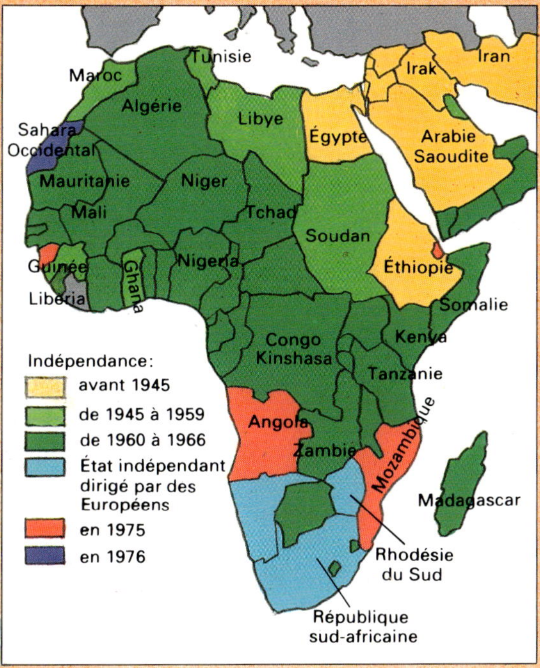

Dès 1951, l'Angleterre engage des négociations avec ses colonies africaines. Entre 1957 et 1965, l'ensemble de l'Empire britannique obtient l'autonomie. Toutefois, en Rhodésie du Sud et dans la République sud-africaine, la minorité blanche garde le pouvoir après l'indépendance, et pratique une politique de *ségrégation* (séparation) à l'égard des Noirs.

En 1947, la France réprime durement une révolte à Madagascar, avant de lui accorder la pleine indépendance en 1960. En 1956, la Tunisie et le Maroc obtiennent leur indépendance après des années d'agitation. À partir de 1960, l'autonomie de l'ensemble des États africains francophones est acquise sans violence.

En 1960, la Belgique accorde l'indépendance au Congo.

Le Portugal tente de conserver ses colonies (Mozambique, Angola...). Il doit céder en 1975, après de longues guerres meurtrières.

La guerre d'Algérie

Le 1er novembre 1954, le Front de Libération Nationale algérien (FLN) déclenche contre la France une insurrection armée. Les insurgés mènent une lutte sans merci. La France, qui se refuse à accorder l'indépendance, envoie de plus en plus de soldats en Algérie. La guerre fait des centaines de milliers de victimes. L'opinion publique s'inquiète. En 1962, le général de Gaulle signe les accords d'Évian. L'Algérie devient indépendante.

Le jour de l'indépendance à Alger

La France depuis 1945

Au lendemain de la guerre
La France sort affaiblie du conflit mondial. Elle a perdu 600 000 personnes, des villes entières sont détruites, les voies de communication et les ports sont gravement touchés. L'occupation allemande a bouleversé l'économie. La production agricole et industrielle est considérablement réduite. Le gouvernement provisoire de la Libération, présidé par de Gaulle jusqu'en janvier 1946, entreprend des réformes économiques et sociales. La IVe République (1946-1958) se consacre à la reconstruction. La prospérité revient lentement.

1958 : naissance de la Ve République
À partir de 1950, et grâce à l'aide américaine, la France réussit son redressement. Mais la vie politique est instable (vingt-cinq gouvernements se succèdent entre 1946 et 1958 !). Les guerres coloniales aggravent encore la situation. Le 13 mai 1958, le général de Gaulle est rappelé au pouvoir. Il prépare une nouvelle constitution qui sera approuvée par 80 % des Français ; il termine sans difficulté la décolonisation de l'Afrique noire, mais il lui faudra encore quatre ans pour achever celle de l'Algérie.

En 1945, les femmes votent pour la première fois.

Prospérité des années soixante
La France connaît une période très prospère marquée par le développement des biens de consommation (télévisions, voitures...). L'économie se modernise : construction de centrales nucléaires, d'autoroutes, de ports... Le niveau de vie moyen des Français s'élève. En 1960, la France dispose de l'arme atomique.

1968 :
Contestation du régime
Bien que de Gaulle gouverne avec une large majorité, de nombreuses critiques s'élèvent contre sa politique. La crise éclate en mai 1968. Elle débute par la contestation étudiante. Des grèves paralysent le pays qui semble au bord de la révolution. De Gaulle reprend la situation en main. L'année suivante, après l'échec du référendum sur la *décentralisation*, il quitte le pouvoir.

L'après de Gaulle

La prospérité des années soixante se poursuit sous la présidence de Georges Pompidou qui succède à Charles de Gaulle. Mais, en 1974, le premier *choc pétrolier,* qui se traduit par une hausse brutale du prix du pétrole, stoppe la croissance. Un programme de réformes sociales et économiques est mis en œuvre par le nouveau président, Valéry Giscard d'Estaing. Cependant, la hausse du chômage, l'inflation croissante et le *second choc pétrolier*, qui se produit en 1979, provoquent un vif mécontentement.

La gauche au pouvoir

En 1981, un socialiste, François Mitterrand, est élu président de la République. Il propose un changement radical de politique économique et sociale. Mais la relance économique ne se produit pas et le gouvernement doit, dès 1983, modifier sa politique. En 1986, la gauche perd les élections. Le pays connaît alors la *cohabitation* (président de gauche, gouvernement de droite). En 1988, François Mitterrand est réélu président et la gauche revient au pouvoir. Les institutions de la Ve République permettent cette alternance entre la droite et la gauche.

À partir de 1962, le président de la République est élu directement par le peuple (*suffrage universel direct*).

Charles de Gaulle
de 1958 à 1969

Georges Pompidou
de 1969 à 1974

Valéry Giscard d'Estaing
de 1974 à 1981

François Mitterrand, élu
en 1981, réélu en 1988

Le Moyen-Orient

Autrefois dominés par deux grandes puissances, la France et le Royaume-Uni, les pays arabes du Moyen-Orient arrachent leur indépendance après 1945. Unis par une même langue, l'arabe, et une même religion, l'islam, les nouveaux États indépendants (Égypte, Syrie, Irak, Liban...) se rassemblent dans la Ligue arabe.

La naissance de l'État d'Israël

Theodor Herzl est à l'origine du mouvement *sioniste* qui, à la fin du XIXe siècle, encourage les Juifs du monde entier à gagner la Palestine, la patrie de leurs ancêtres. En 1939, 425 000 Juifs se sont déjà installés en Palestine. Après le génocide dont sont victimes les Juifs d'Europe pendant la Seconde Guerre mondiale, l'idée de la création d'un État juif indépendant s'affirme. En 1947, l'ONU décide de partager la Palestine en deux États : un État palestinien et un État juif. Mais, sans attendre le partage prévu, le 14 mai 1948, les Juifs de Palestine proclament la constitution de l'État d'Israël.

Les guerres israélo-arabes

Les pays arabes voisins (Égypte, Syrie, Jordanie, Irak et Liban) refusent la création du nouvel État et lui déclarent aussitôt la guerre. En 1948, 1956, 1967 et 1973, les Israéliens mènent des guerres victorieuses qui aboutissent à l'occupation de nouveaux territoires. En 1979, l'Égypte est le premier pays arabe à signer une paix séparée avec Israël.

Israéliens et Palestiniens

Les Palestiniens revendiquent aussi la terre sur laquelle ils sont établis depuis des siècles. Ils mènent une lutte violente, refusant de reconnaître l'existence d'Israël. L'O.L.P. (Organisation de Libération de la Palestine) combat depuis 1964 pour la formation d'un État palestinien. En 1987, un soulèvement populaire palestinien, *l'Intifada*, ébranle les territoires occupés par Israël. Depuis 1991, sur intervention de l'ONU et des États-Unis, des négociations de paix sont engagées.

Dans la rue, les femmes musulmanes sont voilées.

La montée de l'islam révolutionnaire

En 1979, l'empereur d'Iran, le *chah*, est contraint à l'exil. Le pouvoir revient à un chef religieux, l'*ayatollah* Khomeyni. Une république islamique est instaurée. La stricte application de la *loi coranique* impose une véritable dictature religieuse. Cette victoire renforce l'influence des religieux dans le monde musulman. Partout des mouvements révolutionnaires se développent ; les valeurs occidentales sont rejetées et la lutte contre Israël et les États-Unis encouragée.

Le Moyen-Orient à la fin du XXe siècle

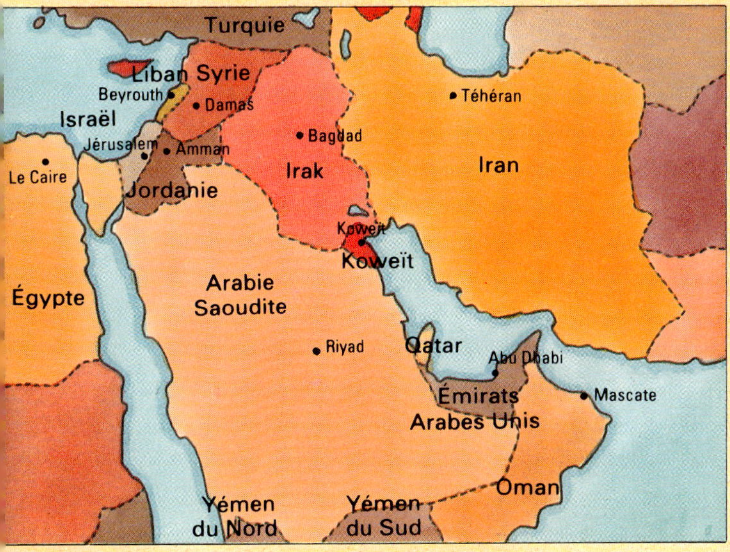

Des pays déchirés par la guerre : L'Irak

Le dictateur Saddam Hussein craint la contagion de la révolution iranienne et souhaite remettre en question les frontières de l'Irak avec l'Iran. Entre 1980 et 1987, il livre à l'Iran de Khomeyni une guerre meurtrière. En 1991, l'Irak annexe le Koweït, son riche voisin. Les puissances alliées, regroupées sous le commandement américain, mènent alors la « guerre du Golfe », une guerre éclair contre l'Irak, qui est contraint d'évacuer le Koweït.

Le Liban

Depuis 1975, le Liban est le théâtre d'affrontements violents. Aux conflits qui divisent les communautés chrétiennes et musulmanes du pays, s'ajoutent les appétits de deux puissances étrangères, Israël et la Syrie.

L'OPEP

Les pays arabes utilisent le pétrole comme « une arme politique » en direction d'Israël et de ses alliés, notamment les États-Unis. En 1973, les pays membres de l'Organisation des Pays Exportateurs de Pétrole (OPEP), parmi lesquels les pays arabes sont influents, décident de réduire leur production. Le prix du pétrole augmente alors brutalement, ce qui provoque une crise économique dans les pays acheteurs, dépendants de l'OPEP (Europe, Japon…).

Les États-Unis depuis 1945

Une superpuissance
En 1945, les États-Unis assurent plus de la moitié de la production mondiale. Ils n'ont pas cessé depuis de jouer un rôle dominant dans le monde grâce à leur puissance économique et financière. Ils ont notamment la suprématie dans les technologies de pointe (IBM détient 90 % du marché informatique mondial). Cette puissance économique assure aux Américains le plus haut niveau de vie du monde.

L'Empire américain
Le monde entier commerce avec les États-Unis. Rien ne peut arrêter la pénétration du grand capitalisme américain (notamment en Amérique latine et en Asie), même dans les pays les plus opposés à cette politique. Les entreprises multinationales américaines sont implantées dans tous les pays. La « culture » américaine offre au monde entier des modèles de comportement et de consommation. Mais la puissance américaine est aussi militaire. Les États-Unis sont ainsi la première puissance nucléaire du monde.

La monnaie américaine, le *dollar*, est la clé des échanges internationaux.

L'URSS et même la Chine ont adopté le Coca-Cola, le jean, le rock and roll et les hamburgers.

Un pays affaibli par la crise
La guerre du Viêt-nam et les crises pétrolières de 1973 et de 1979 ralentissent la croissance des États-Unis et provoquent l'inflation et le chômage. Les présidents successifs : Carter, Reagan, Bush, luttent contre la crise, mais la reprise est lente. Les États-Unis doivent faire face à une concurrence japonaise de plus en plus forte, notamment dans le secteur automobile. En 1992, le chômage touche 9 % des travailleurs américains.

Le double visage de l'Amérique
Depuis les années soixante, la société américaine offre à la fois le visage de l'opulente richesse et celui de la pauvreté la plus totale. Malgré le progrès général, 33 millions d'Américains vivent en dessous du seuil de pauvreté. Ils représentent le « Quart-Monde ». Les chômeurs, les retraités, les malades et les minorités noires, portoricaines et mexicaines sont les populations les plus touchées.

Le Viêt-nam, premier échec militaire
En 1954, le Viêt-nam est divisé en deux : le Nord, communiste, est soutenu par l'URSS et la Chine ; le Sud est soutenu par les Américains. Un Front National de Libération (FNL), appuyé par les soldats nord-vietnamiens, se constitue au sud. Voulant éviter l'extension communiste, l'armée américaine intervient massivement à partir de 1965. C'est la guerre. Malgré leur supériorité technologique, les Américains ne peuvent l'emporter. En 1969, face à l'opinion américaine de plus en plus hostile à cette guerre, le président Nixon engage des négociations qui aboutissent aux accords de Paris en 1973. Les Américains évacuent le Sud-Viêt-nam, qui s'effondre en 1975.

Les Noirs sont les principales victimes de la pauvreté (31 % de la population noire est concernée). Ils font l'objet de discrimination raciale et sont rejetés en marge de la société. Des émeutes éclatent parfois, comme celles de Watts en 1965 ou de Los Angeles en 1992. Des voix s'élèvent, telle celle, dans les années soixante, du pasteur noir Martin Luther King, pour réclamer plus de justice, d'égalité et de tolérance.

L'URSS et ses satellites depuis 1945

Le tuteur de l'Europe de l'Est
Après 1945, l'URSS étend sa domination sur les pays d'Europe de l'Est libérés de l'occupation allemande. Ces pays (Pologne, Hongrie, Roumanie, Bulgarie, Tchécoslovaquie…) s'organisent selon le modèle soviétique. L'économie est nationalisée et planifiée. La priorité est donnée à l'industrie lourde et les terres sont collectivisées. Le parti communiste est partout souverain, il dirige toute la société.

Défilé militaire sur la place Rouge à Moscou

La terreur continue
Pour mettre en place cette politique, la dictature stalinienne est sans limite. La police politique est partout présente. Avec son aide, de grands procès sont montés. Jugés trop indépendants de Moscou, des dirigeants des partis communistes alliés sont exécutés par centaines. Des millions de personnes sont déportées dans les *goulags*. Les « grandes purges » s'arrêtent en 1953 à la mort de Staline.

Khrouchtchev et le début des réformes
En mars 1956, au XXe congrès du parti communiste, Nikita Khrouchtchev dénonce les crimes de Staline. C'est le début de la *déstalinisation*. Le climat international se détend, les abus policiers s'atténuent, mais, malgré la volonté de réforme, le système politique et économique n'est pas vraiment transformé. Khrouchtchev est éliminé en 1964 et remplacé par Brejnev. Deux révolutions sont réprimées avec violence par l'armée soviétique : celle de Hongrie en 1956 et celle de Tchécoslovaquie en 1968.

Une puissance militaire considérable
L'URSS a l'armée la plus puissante du monde. L'armement bénéficie de toutes les priorités (fourniture en matières premières, main-d'œuvre qualifiée, investissement). La défense absorbe au moins 20 % de la production nationale. Engagée dans la *course aux armements*, l'URSS de Brejnev rivalise avec les États-Unis pour la domination du monde. Mais ce choix coûte cher. Le secteur agricole et celui des biens de consommation courante ne connaissent pas le développement nécessaire pour répondre aux besoins de la population.

La sortie du communisme
En 1985, face à la crise économique, Mikhaïl Gorbatchev engage l'URSS dans la voie des réformes. Les deux mots clés de sa politique sont la *perestroïka* (restructuration) et la *glasnost* (transparence). On assiste ainsi à une libéralisation du régime : liberté de la presse, autonomie des entreprises, ouverture vers l'Ouest, désarmement... Mais l'aggravation de la crise et le désir d'indépendance des nationalités précipitent la fin du communisme.

L'éclatement du bloc communiste
À partir de 1989, les pays de l'Est se libèrent de la tutelle de l'URSS et abandonnent le communisme.
En 1991, l'URSS abandonne aussi le communisme, mais le pays divisé éclate ; onze de ses quinze Républiques obtiennent leur indépendance.
Le 23 décembre 1991, la *C.E.I.* (Communauté des États indépendants) est créée. En janvier 1992, Mikhaïl Gorbatchev démissionne.

En raison de la pénurie, la queue devant les magasins est une réalité quotidienne dans les États de la C.E.I. (ex-URSS).

Deux nouvelles puissances : la Chine et le Japon

De l'Empire à la République populaire

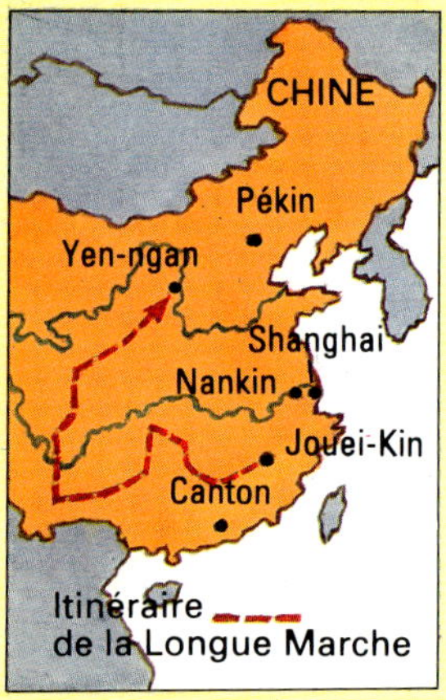

Incapable de transformer la Chine en un État moderne et de sortir le peuple de la misère, l'Empire chinois s'effondre en 1911.
La république est proclamée. Mais le pays connaît une longue période de guerre civile. À la fin des années vingt, les *nationalistes*, dirigés par le président Tchang Kaï-chek, s'opposent aux *communistes*, guidés par Mao Zedong. Chassés du sud du pays, ces derniers se réfugient dans le nord après avoir parcouru 12 000 kilomètres à pied (c'est la *Longue Marche*, de 1934 à 1935). Ils s'y installent solidement. En 1949, Mao écrase Tchang Kaï-chek et proclame, le 1er octobre, la République populaire chinoise.

La révolution culturelle

À partir de 1949, la Chine accomplit un effort de modernisation. L'économie se développe et la misère recule. En 1966, Mao Zedong relance l'esprit révolutionnaire en déclenchant la *grande révolution culturelle prolétarienne*. Ce mouvement s'appuie sur la jeunesse et sur les pensées du *Grand Timonier* (Mao), rassemblées dans le « Petit Livre rouge ». Pendant quatre ans, les « gardes rouges » font régner la terreur. La révolution culturelle fera des millions de victimes.

La Chine du XXe siècle : 1 milliard d'habitants

En 1971, la Chine a rejoint l'ONU. Depuis la mort de Mao en 1976, elle mène une politique d'ouverture économique et s'affirme comme une grande puissance. La priorité est donnée à la modernisation économique. Mais le parti communiste reste puissant ; il n'accorde aucune liberté politique et les tensions subsistent. En 1989, des étudiants qui manifestaient sur la place Tien an Men, à Pékin, pour réclamer plus de liberté politique, sont massacrés.

La naissance du Japon moderne

Jusqu'au XIXe siècle, le Japon vit replié sur lui-même. En 1868, il s'ouvre au monde occidental et se modernise. C'est l'*ère Meiji,* ce qui signifie « époque éclairée ». Au début du siècle, le Japon connaît une fulgurante croissance économique.
Les militaires jouent un grand rôle dans l'organisation du pays. Dans les années trente, le Japon devient une dictature militaire avide de conquêtes. Allié de l'Allemagne nazie en 1939, il s'empare d'une grande partie de l'Asie et contrôle la moitié du Pacifique. Écrasé par les États-Unis, il capitule en 1945 après les bombardements atomiques d'Hiroshima et de Nagasaki.

Une grande puissance économique

Jusqu'en 1951, le Japon est sous la tutelle des États-Unis qui l'engagent sur la voie de la démocratie et favorisent son redressement économique.
Il redevient ensuite un État souverain allié des États-Unis. En 1956, il entre à l'ONU. La croissance du Japon est étonnante ; en vingt ans, elle est multipliée par cinq ! La main-d'œuvre est abondante et qualifiée. Elle voue un véritable culte au travail.
Les industries de pointe : optique, instruments de précision, automobiles, motos..., sont encouragées par l'État. À la fin du XXe siècle, le Japon est la deuxième puissance économique du monde.

Les Japonais restent attachés aux traditions. Les femmes revêtent encore le *kimono* lors de la cérémonie du thé.

Un quartier ultra-moderne de Tokyo, la capitale du Japon

Vers une nouvelle Europe

1950, un pas vers l'union

En 1945, l'Europe sort ruinée du conflit mondial. L'URSS et les États-Unis s'imposent comme les deux seules superpuissances. Mais, alors que les pays d'Europe de l'Est passent sous le contrôle de l'URSS, ceux d'Europe de l'Ouest cherchent à s'associer afin de pouvoir traiter d'égal à égal avec les deux Grands. Robert Schuman et Jean Monnet proposent en 1950 une première mesure de coopération. Elle consiste à mettre en commun la production du charbon et de l'acier. En avril 1951, est créée la Communauté Européenne du Charbon et de l'Acier (CECA). Six États y adhèrent : la France, la République fédérale d'Allemagne, la Belgique, les Pays-Bas, le Luxembourg et l'Italie.

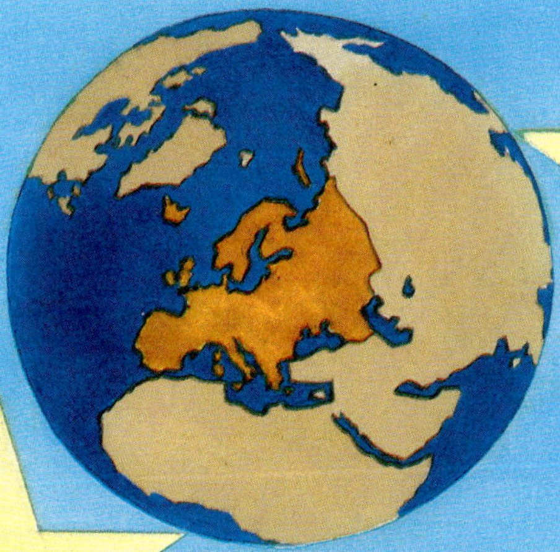

Le continent Europe, de l'Atlantique à l'Oural

1957-1993 : de la C.E.E. au Grand Marché européen

Le traité de Rome, instituant la Communauté Économique Européenne (C.E.E.), est signé le 25 mars 1957. Les « Six » se donnent ici comme objectif d'abolir par étapes les frontières économiques entre les États membres. Entre 1972 et 1986, l'Angleterre, l'Irlande, le Danemark, la Grèce, l'Espagne et le Portugal rejoignent la C.E.E. L'Europe des Douze (350 millions d'habitants) est la première puissance commerciale du monde. En 1986, les « Douze » signent l'*Acte unique européen*. Il prévoit la mise en place d'une politique sociale commune et d'une coopération politique et monétaire renforcée, en vue de l'ouverture, en 1993, du Grand Marché européen.

Robert Schuman (1886-1963)

Le drapeau de la C.E.E.

Jean Monnet (1888-1979)

L'écu est l'unité monétaire européenne.

À partir de 1980, le syndicat polonais, *Solidarnosc*, présidé par Lech Walesa, lutte contre le régime communiste. En 1989, c'est la victoire.
Un gouvernement dirigé par un non-communiste est formé.

1988-1992 : la chute des régimes communistes

En URSS, les réformes mises en œuvre par Mikhaïl Gorbatchev provoquent l'agitation des minorités nationales privées de droits. Un fort désir d'indépendance gagne aussi les autres pays de l'Est. Dès 1988, des manifestations en Pologne, en Tchécoslovaquie, en Hongrie annoncent le courant de libération qui va provoquer en 1989 la chute de la plupart des régimes communistes. En 1991, l'URSS, elle-même, éclate en une Communauté d'États indépendants (C.E.I.). Mais la volonté d'indépendance des diverses nationalités peut être source de conflit. Ainsi, depuis 1991, en Yougoslavie, les Serbes s'opposent aux Croates et aux musulmans de Bosnie-Herzégovine.

1990 : l'Allemagne est réunifiée

Le 9 novembre 1989, la frontière qui sépare les deux Allemagnes est ouverte. À Berlin, on pratique des brèches dans le mur qui, depuis 1961, coupait la ville en deux. Des milliers de Berlinois de l'Est se précipitent à l'Ouest. Dès le 20 novembre 1989, on parle de réunir les deux parties du pays. Le chef du gouvernement de la R.F.A., le *chancelier* Helmut Kohl, prépare un plan de réunification qui aboutit le 3 octobre 1990.

Le Tiers-Monde

Le *Tiers-Monde* est constitué par l'ensemble des pays économiquement sous-développés. Ce sont le plus souvent d'anciennes colonies situées en Amérique latine, en Afrique noire, en Afrique du Nord, au Moyen-Orient, en Inde ou en Asie du Sud-Est. Ces pays représentent plus des deux tiers de l'humanité.

L'explosion démographique
Dans ces pays, les progrès de la médecine et de l'hygiène favorisent l'accroissement continu de la population. On compte 100 millions de naissances par an pour 30 millions de décès. Certains États du Tiers-Monde mènent actuellement une politique de limitation des naissances.

Contraste entre modernité et pauvreté dans les villes du Tiers-Monde

Malnutrition et misère
La production agricole ne permet pas de faire face aux besoins en alimentation de la population croissante.
La *malnutrition* est la cause du décès de nombreux enfants (5 millions par an).
Le travail manque. Les campagnes se dépeuplent au profit des banlieues des villes où s'édifient d'immenses *bidonvilles*. L'émigration vers les pays plus riches est très importante. La misère oblige les enfants à travailler. Beaucoup ne fréquentent pas l'école ; une grande partie de la population est analphabète.

Des organisations humanitaires (Médecins sans frontières, la Croix-Rouge...) aident les populations déshéritées.

Dans les régions où sévit la famine, on achemine de la nourriture venue d'Occident.

La faim dans le monde

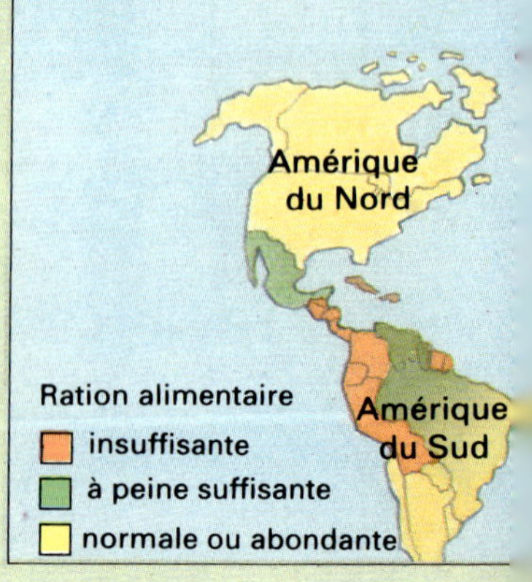

Les bidonvilles s'étendent au pied des buildings modernes.

La dépendance alimentaire

L'insuffisance des productions agricoles, le manque de cadres techniques et de matériels modernes nécessaires à l'organisation et au développement de l'économie nécessitent l'aide des pays développés. Mais cette assistance a souvent pour conséquence la dépendance du pays pauvre à l'égard du pays riche. Ainsi, alors que la plupart des produits agricoles de consommation courante sont importés par le pays pauvre, sa propre production, souvent imposée, est destinée à l'exportation.

La dépendance industrielle

Certains pays du Tiers-Monde, riches en matières premières, connaissent parfois une croissance industrielle importante. C'est le cas de l'Inde, de la Chine ou du Brésil. Mais les biens fabriqués ne peuvent être achetés par la majorité, trop pauvre. Ces produits sont le plus souvent exportés vers les pays riches qui en fixent les prix d'achat, généralement très bas. À l'inverse, de nombreux produits de consommation courante sont importés à des prix élevés ; ils augmentent le déséquilibre des économies de ces pays.

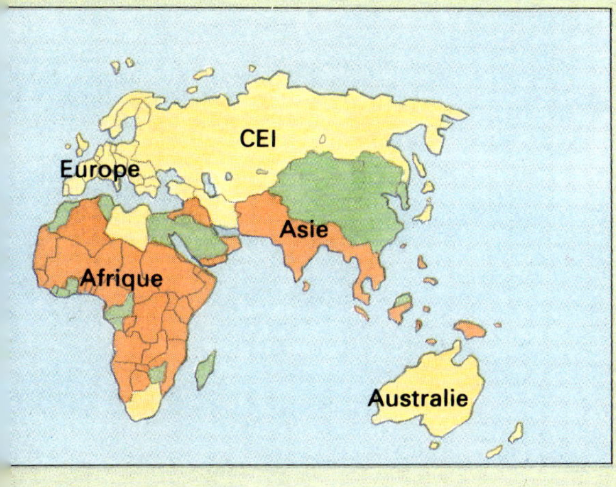

Mouvements révolutionnaires

La misère des pays du Tiers-Monde provoque la naissance de mouvements violents : guerres révolutionnaires, guérillas, rébellions paysannes (Indonésie, Cuba, Cambodge, Pérou, Angola, Éthiopie...). Les pouvoirs, détenus par les minorités privilégiées souvent installées et soutenues par les pays occidentaux, s'appuient sur une police et une armée puissantes. Les libertés sont confisquées, les opposants pourchassés et les répressions sanglantes.

Les techniques du futur

En cette fin de siècle, on assiste à une véritable « explosion » des sciences et des techniques.

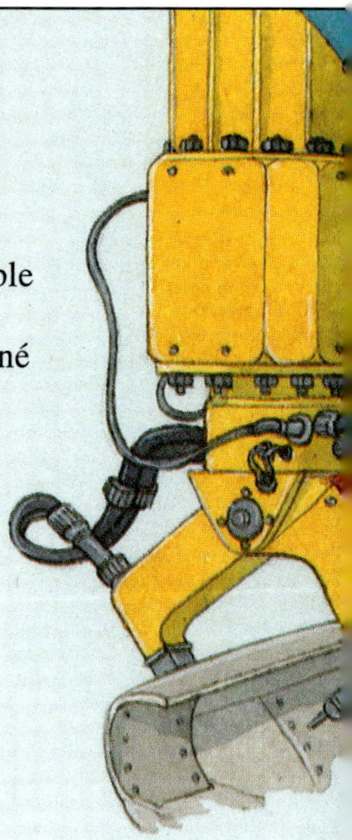

L'informatisation

L'informatique est au cœur de cette nouvelle révolution scientifique.

Le robot
C'est une machine programmable souvent reliée à un ordinateur. Il est de plus en plus perfectionné et rend de grands services dans l'industrie.

L'ordinateur
Il engloutit, garde en mémoire et traite des millions d'informations. Il exécute des calculs complexes, commande des machines à distance, contrôle des trajectoires. Il est présent dans tous les domaines.

Vivre mieux

Depuis cinquante ans, la science médicale ne cesse de progresser. Grâce à elle, on vit mieux et plus longtemps. En Europe, l'espérance de vie est actuellement de 72 ans pour les hommes et de 79 ans pour les femmes.

Les centrales nucléaires
Elles fournissent de l'électricité. Bien que peu polluantes, elles ne sont pas à l'abri des accidents. En 1986, l'explosion du réacteur de la centrale de Tchernobyl (Ukraine) provoque l'irradiation de milliers de personnes et une grave pollution.

On expérimente les *transplantations d'organes* (greffes du cœur, du rein, des poumons) et la *fécondation artificielle* (un des ovules de la mère est prélevé, fécondé en dehors de son organisme en laboratoire, puis réimplanté dans son utérus). Les traitements contre le cancer et le sida sont peu à peu améliorés.
Des techniques (*échographie*, *scanner*) apportent plus de précisions dans les diagnostics. Le *rayon laser* est utilisé pour des interventions délicates.

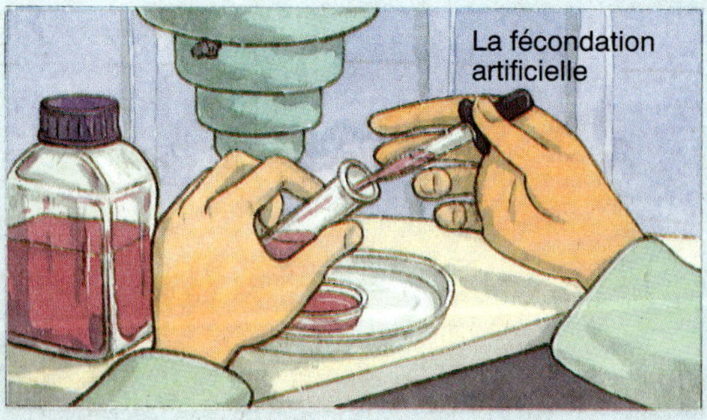

La fécondation artificielle

Sous-marin à propulsion nucléaire

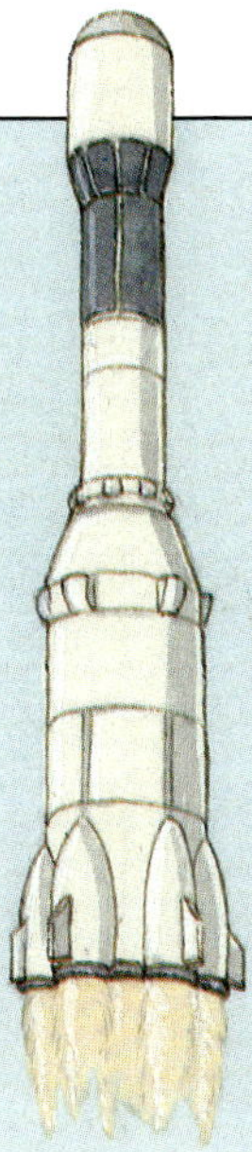

La fusée Ariane
Elle peut placer des satellites de plus de 2 tonnes en orbite.

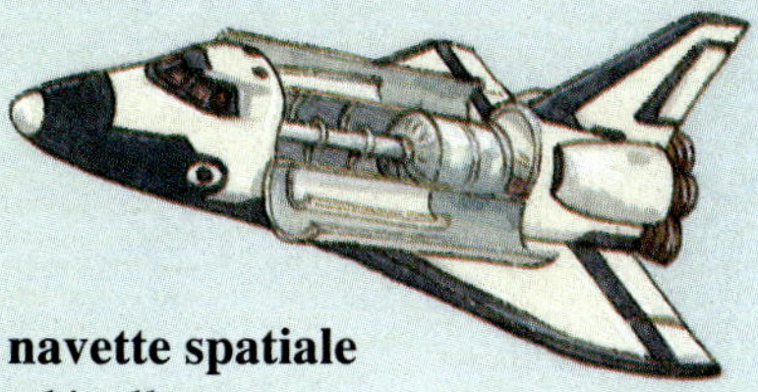

La navette spatiale
Elle décolle comme une fusée et atterrit, intacte, comme un planeur. Elle est donc réutilisable.

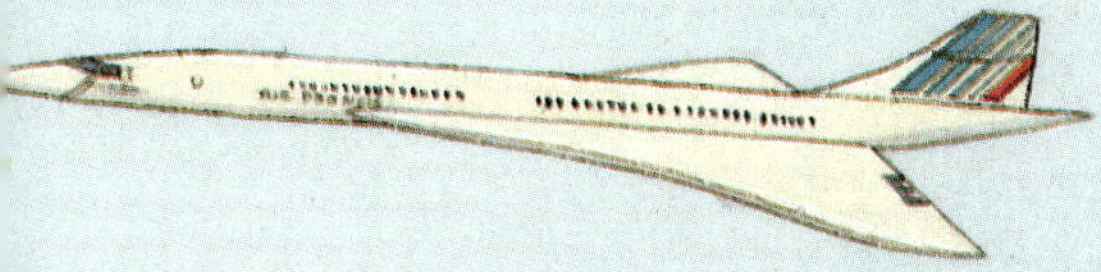

Le Concorde
Cet avion supersonique franco-britannique vole à une vitesse de 2 200 km/h.

Le T.G.V. Atlantique
Il transporte des passagers à une vitesse de 300 km/h.

L'atome

L'énergie nucléaire offre de multiples possibilités d'utilisations. Certaines sont pacifiques : les centrales nucléaires produisent ainsi 75 % de l'électricité en France. D'autres ont un but militaire : construction d'armes, de sous-marins à propulsion nucléaire... La course à l'armement nucléaire est une menace permanente pour la planète.

La conquête de l'espace

1957 : l'URSS envoie autour de la Terre le premier satellite artificiel, *Spoutnik I*.
1969 : deux astronautes américains, Armstrong et Aldrin, font les premiers pas sur la Lune.
1979 : premier tir de la fusée européenne *Ariane*.
1981 : les Américains lancent la première *navette spatiale*.

La conquête de l'espace a également un enjeu stratégique. Des *satellites espions* transmettent des informations sur les territoires adverses. Chaque pays participant à la conquête de l'espace met en place ses défenses en vue d'une « guerre des étoiles ».

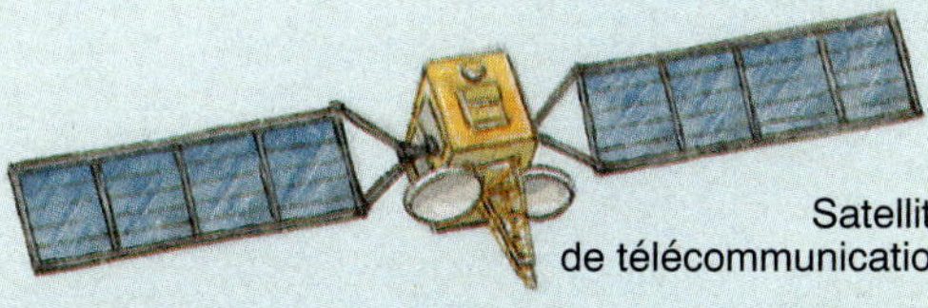

Satellite de télécommunication

L'ère de la communication mondiale

Les progrès techniques aident à la connaissance du monde et au rapprochement des hommes. Quelques secondes suffisent désormais pour que les informations franchissent des distances considérables.
Les *satellites de télécommunication* permettent ainsi les conversations téléphoniques lointaines et les retransmissions en direct, sur une vaste partie de la planète, d'événements télévisés. Temps et distances sont abolis.

INDEX

INDEX

INDEX

INDEX

TABLE DES ILLUSTRATIONS

Véronique Ageorges Pages 38-39 ; 40-41 ; 58-59 ; 72-73 ; 74-75 ; 76-77 ; 108-109 ; 110-111 ; 158-159 ; 160-161 ; 164-165 ; 178-179 ; 180-181.
Jean-Alexandre Arques Pages 28-29 ; 46-47 ; 48-49 ; 80-81 ; 82-83 ; 118-119 ; 174-175 ; 176-177.
Sophie Beaujard Pages 6-7 ; 64-65 ; 104-105 ; 106-107 ; 132-133 ; 148-149 ; 172-173. Vignettes de couverture : pagode, globe terrestre, caravelle, pyramides, drapeau de la C.E.E.
Yves Beaujard Pages 8-9 ; 10-11 ; 12-13 ; 14-15 ; 30-31 ; 32-33 ; 34-35 ; 36-37 ; 50-51 ; 68-69 ; 70-71 ; 84-85 ; 86-87 ; 88-89 ; 94-95 ; 96-97 ; 98-99 ; 112-113 ; 114-115 ; 154-155 ; 156-157 ; 166-167 ; 168-169 ; 170-171.
Andrée Bienfait Pages 24-25 ; 26-27 ; 90-91 ; 140-141 ; 142-143 ; 144-145 ; 146-147 ; 182-183. Vignettes de couverture : *Homo erectus*, Mozart enfant, Louis XIV, Gandhi, Napoléon.
Bernard Coppens Pages 120-121 ; 122-123 ;124-125 ; 126-127 ; 128-129 ; 130-131.
Christian Maucler Pages 162-163.
François Pichon Pages 16-17 ; 18-19 ; 20-21 ; 22-23 ; 116-117.
Grégoire Soberski Pages 66-67.
Etienne Souppart Pages 44-45 ; 78-79 ; 92-93 ; 150-151 ; 152-153.
Amélie Veaux Pages 102-103.
François Vincent Pages 42-43 ; 52-53 ; 54-55 ; 56-57 ; 60-61 ; 62-63 ; 100-101 ; 134-135 ; 136-137 ; 138-139 ; 184-185. Vignettes de couverture : navette spatiale, chevalier, avion d'Ader.

ISBN 2.09.277048-9
N° d'éditeur : 10017103 — Dépôt légal : Août 1993
Loi du 16 juillet 1949 sur les publications destinées à la jeunesse
Impression et reliure : Pollina s.a., 85400 Luçon - n° 16548